KB016719

마음 근육을
키우는 중입니다

마음 근육을 키우는 중입니다

마음이
튼튼한
청소년

실라 라자 지음

김인경 옮김

14살부터 시작하는 회복탄력성 수업

뜨인돌

차례

이 책을 선택해 줘서 고마워요! 여러분이 회복탄력성에 관한 책을 읽어야겠다고 마음먹은 데는 여러 가지 이유가 있을 거예요. 학교 과제나 인간관계 문제로 애쓰고 있거나 미래에 대한 불안으로 걱정이 많을지도 모르겠습니다. 어쩌면 차별이나 폭력같이 힘든 일을 겪은 뒤에 어떻게 살아야 할지 생각하는 중일 수도 있고요. 또 지금은 별일 없이 잘 지내지만 더 행복하고 편안해질 방법을 알고 싶거나, 친구나 가족과의 관계가 더 좋아지기를 바라거나, 지금보다 훨씬 에너지 넘치고 의욕직으로 살고 싶을 수도 있어요. 하지만 이 모든 게 때로는 여러분이 바라는 대로 되지 않기도 해요. 스트레스가 갑자기 닥쳐오기도 하죠.

잠깐, 혹시 '다른 사람들은 자기 일을 척척 잘 해결해 나가는데, 왜 나는 잘 해결하지 못할까?'라고 생각한 적이 있나요? 사실 전문가들도 같은 의문을 품고 스트레스와 역경에 대처할 다양한 기술을 알아냈답니다. 그 기술이 바로 '회복탄력성'이에요. 이제부터 여러분에게 회복탄력성을 기를 방법을 알려 줄게요.

회복탄력성은, 좋은 상황에서는 그것을 충분히 누릴 수 있도록 만들어 주고 스트레스 받는 상황에서는 잘 대처하도록 도와줘요. 또 의욕과 열정을 북돋고, 주변과 안정적인 관계를 유지하면서 진심으로 만족할 만한 인생을 꾸리는 데도 도움을 준답니다. 회복탄력성을 기르면 타인과 더욱 깊은 관계를 만들 수 있고 자신이 속한 공동체에 대한 소속감도 커져서 책임감을 기를 수도 있어요.

책에서 소개하는 기술을 하나하나 실행하면서 자신의 일상과 관심사, 성격에 가장 알맞은 기술이 무엇인지 확인해 보세요. 여러분 앞에 펼쳐진 여정은 특별하고 소중합니다. 여러분의 개성과 잘 어울리는 회복탄력성을 다양한 방법을 통해 길러 보세요.

회복탄력성이란 무엇일까요?

사전에서는 회복탄력성을 두 가지로 정의해요.

회복탄력성
❶ 압력이 가해져서 형태가 변한 물체가 원래의 크기와 모양을 회복하는 능력.
❷ 불행이나 변화에 쉽게 적응하거나 그로부터 회복하는 능력.

이 책은 두 번째 정의에 중점을 둡니다. 여러분은 회복탄력성을 '스트레스를 받거나 변화가 일어나는 것에 적응하는 능력'이라고 이해하면 된답니다.

심리학이나 건강 분야에서도 회복탄력성의 뜻을 오해하는 경우가 종종 있습니다. 회복탄력성이 있다고 항상 침착하고 행복하다는 뜻은 아니에요. 우리는 사람이기 때문에 스트레스를 받으면 그에 따른 부정적인 감정이 생겨날 수밖에 없어요. 그래서 힘들고 고통스러운 감정을 경험하기도 하고, 때로는 그런 감정에 휩싸여 어찌할 바를 모르기도 합니다. 그건 지극히 정상적인 반응이에요!

흥미로운 점은 여러분이 부정적인 감정을 경험하는 것도, 그 시기를 견뎌 내고 성장할 방법을 찾도록 돕는 것도 모두 회복탄력성과 관련이 있다는 사실이에요. 회복탄력성은 힘든 감정이 일어날 때 연이어 일어나거든요. 회복탄력성은 갑자기 들이닥친 힘든 일들을 견뎌 내는 일이자 좌절했을 때 대처하는 방법입니다. 회복탄력성은 인생의 목표가 아니라 인생을 살아가는 방법이랍니다.

회복탄력성은 훈련을 통해 배울 수 있어요. 타고난 재능이 아니라는 뜻입니다. 이 책에서 소개하는 기술들을 연습하고 익히면 누구나 회복탄력성을 기를 수 있습니다. 여러분의 몸과 마음과 정신의 건강을 유지하기 위해 매일 훈련하면, 스트레스를 받을 때 잘 대처할 수 있을 거예요.

왜 회복탄력성을 배워야 할까요?

만약 세상이 이상적인 곳이라면 회복탄력성을 배울 필요가 없을 겁니다. 스트레스도, 불행도 없을 테니까요. 그런 곳에서는 누구도 좌절을 겪지 않겠지요. 하지만 안타깝게도 우리는 이상적인 세상에 살고 있지 않습니다. 인생은 불안, 슬픔, 분노 같은 힘든 감정을 일으키는 스트레스 요인들로 가득해요.

시험을 보거나, 새로운 사람들을 만나거나, 운동 경기에 나가거나, 동아리 활동을 하거나, 새해가 되어 새로운 학교로 진학하는 일을 두고 걱정할 수도 있습니다. 이런 단기적인 스트레스 요인들은 그때그때 해결할 수도 있지만 여러 스트레스가 한꺼번에 닥치면 굉장히 힘들 거예요. 미국 심리학 협회에 따르면 많은 십 대가 다음과 같은 상황이나 장소에서 스트레스를 경험한다고 합니다.

♥ 학교에 있을 때

♥ 학교를 졸업하고 진로를 결정할 때

♥ 집안의 경제 상황에 변화가 있을 때

♥ 가족 간의 관계에 문제가 있을 때

♥ 친구 또는 사귀는 사람과 문제가 있을 때

이렇게 걱정과 스트레스 요인들이 가득한 상황을 보면 갑갑한 기분이 듭니다. 하지만 이런 상황은 오히려 여러분은 혼자가 아니라는 사실을 알려 줍니다. 많은 사람이 여러분과 같이 고군분투하고 있거든요. 우리는 그런 문제를 성공적으로 극복한 사람들에게서 많은 것을 배울 수 있습니다. 회복탄력성을 이용해 인생을 살아가는 방법을 배울 수도 있지요. 힘든 상황을 헤쳐 나가는 데 도움이 될 기술은 많습니다. 이 책은 바로 그런 기술을 알려 줄 거예요.

우리는 도움이 필요해요

스트레스 받고, 우울하고, 불안하다면 여러분은 혼자가 아니라는 사실을 기억하세요. 중요한 사실 몇 가지를 살펴볼게요. 21세 미만 청소년들 중 27%가 자신의 정신 건강이 그저 그렇거나 좋지 못하다고 답했어요. 또 불안 장애 진단을 받은 경험이 있다고 답한 경우(18%)와 우울증 진단을 받은 경험이 있다고 답한 경우(23%)가 다른 세대보다 청소년층에서 더 많았습니다.

최근 정신 건강에 대한 관심이 높아지고 오해도 줄면서 자신의 정신 건강 문제를 말할 때 드는 거부감이 줄었습니다. 덕분에 도움을 구하려는 의지도 높아졌어요.

젊은 세대일수록 상담가나 다른 정신 건강 전문가로부터 상담이나 치료를 받을 가능성이 매우 높다고 해요. 책에서도 자주 이야기하겠지만, 도움을 구하는 일은 회복탄력성의 핵심 기술이에요. 그러니 이 책을 집어 든 것만으로도 여러분은 이미 회복과 성장의 여정에 올랐답니다.

트라우마와 독성 스트레스

어떤 십 대들은 따돌림, 만성 질환, 대인 관계 문제, 성폭력, 여러 형태의 학대 등 굉장히 심각하거나 트라우마를 남기는 스트레스 요인들을 경험합니다. 많은 십 대가 가족이나 이웃의 폭력을 목격하며, 집이나 동네를 안전하지 않다고 느낍니다. 괴롭힘은 최근 몇 년 사이 훨씬 심각하게 받아들여지고 있습니다. 괴롭힘은 십 대들에게 직접적으로 영향을 끼칠 가능성이 크기 때문입니다.

정신적 외상이 생길 만큼 충격적인 사건이 반복되어 일어날 때, 이를 '독성 스트레스'라고 부릅니다. 이런 스트레스는 몸과 마음에 심각한 손상을 입혀요. 하지만 그런 일을 겪었다 해도 희망을 버리지 마세요. 이 책에서 말하는 회복탄력성은 여러분이 원하는 인생을 살아가도록 도와줄 거예요. 3부를 꼼꼼히 읽고 신뢰할 만한 어른(선생님, 가족 등)을 찾아 회복탄력성 훈련을 도와 달라고 부탁하는 것도 좋은 방법이에요.

······독성 스트레스에서 벗어나기 위해······
도움을 요청한 조이

조이는 중학교 1학년입니다. 부모님은 몇 년 전 이혼했고, 조이는 최근 엄마와 엄마의 남자친구와 함께 살기 시작했습니다. 조이는 학교에서 돌아오면 남동생과 여동생을 돌보는 등 여러

가지 집안일을 도맡아 했습니다.

엄마의 남자 친구는 최근 직장을 잃었는데, 술을 마시고 조이에게 "멍청하게 굴면서 시간만 낭비하네"라고 폭언하는 일이 잦아졌습니다. 이 때문에 조이는 성적이 떨어지고 자존감도 낮아졌어요. 학교에서는 말을 더듬었고, 같은 반 아이들에게 놀림당하는 처지가 되었습니다.

어느 날 선생님이 조이를 불러서 성적이 떨어진 이유를 물어봤습니다. 선생님은 조이를 꾸짖는 대신 자상한 태도로 상황이 괜찮은지 궁금하다고 말했습니다. 조이는 용기를 내서 선생님에게 마음을 열었습니다. 가정에서 일어난 변화와 그로 인해 자신이 어떤 상황에 처하게 되었는지 솔직히 털어놓았어요. 선생님은 학교 상담 선생님에게 이 사실을 알렸고, 조이의 엄마와 상담 일정을 잡았습니다. 상담을 받으며 엄마는 집안 형편이 나아지게 할 방법을 조금씩 알게 되었습니다. 하룻밤 사이에 변화가 일어나지는 않겠지만, 주위의 믿을 만한 사람에게 도움을 구한 조이의 행동은 매우 현명한 선택이었습니다.

어려움을 극복하고 성장해요

심각한 스트레스를 겪은 사람 중 일부는 역경을 딛고 일어나 성장할 기회를 찾기도 합니다. 이런 사람들은 시간이 지남에 따라 힘들었던 상황이 새롭고 의미 있는 관계를 형성하고 깊이 감사하게 하며, 자신이 얼마나 강한 존재인지 인식하게 하고 삶의 목적을 찾게 한다는 사실을 깨닫습니다. 끔찍한 상황을 경험해야 행복할 수 있다는 뜻이 아닙니다. 절대 그렇지 않아요. 다만 여러분에게는 그런 힘든 일을 겪으면서도 배우고 성장할 수 있는 잠재력이 있다는 뜻이지요.

정신적 외상을 겪은 뒤 성장하는 일은 회복탄력성과 밀접한 관련이 있어요. 회복탄력성이 스트레스 속에서 살아남아 적응하는 방법을 찾는 일이라고 한다면 외상 후 성장은 여러분의 경험에서 의미를 찾는 방법입니다. 이 책의 3부와 4부에서 외상 후 성장과 회복탄력성 훈련을 위한 중요한 기술들을 배우게 될 거예요.

회복탄력성은 삶의 방식이에요

회복탄력성은 여러분이 짧은 시간 동안 겪는 압박감과 실망감에 대처하는 데 도움이 됩니다. 그뿐만 아니라 긴 시간 동안 심각한 스트레스 요인을 견뎌 낸 뒤 다시 세상에 적응하며 살아갈 방법을 가르쳐 주기도 해요. 회복탄력성은 도달해야 할 목적지가 아니라 좋은 삶을 위한 하나의 방법입니다. 회복탄력성은 심리학, 보건학, 신경 과학의 최근 연구를 바탕에 두고 있어요. 이 책에서는 회복탄력성을 네 부분으로 나누어 소개합니다.

♥ **1부 몸 돌보는 방법**

지루하지 않은 일상 규칙을 만들어 여러분의 생활에 적용할 방법을 제안합니다. 또 물질 남용처럼 건강하지 못한 대처법을 알아보고 이것을 대체할 현실적인 방법을 찾아봅니다. 비난받는다거나 수치스럽다는 느낌이 들지 않는 방식으로요.

♥ **2부 마음과 감정 돌보는 방법**

마음 챙김에 초점을 맞춥니다. 마음 챙김이란 과거나 미래에 지나치게 신경 쓰는 대신 지금 여기에서 일어나는 일에 집중하는 능력입니다. 또 우울과 불안 같은 힘든 감정들을 다루는 방법과 미래 계획을 세울 때 과거에 있었던 경험을 어떻게 활용할지 알아봅니다.

- ♥ **3부 주변 세상을 이해하고 받아들이는 방법**

  안전한 관계를 맺고 강력한 지원 시스템을 만드는 법을 살펴봅니다. 또 좋은 기회를 잡기 위한 도전과 그것이 여러분의 관계와 감정에 어떤 영향을 미치는지 살펴볼 거예요.

- ♥ **4부 삶의 목적과 의미를 찾는 방법**

  현실을 긍정적으로 생각하는 능력을 통해 미래를 바라보는 방법을 살펴봅니다. 활동적인 일이 삶에서 더 많은 의미를 찾는 데 아주 중요한 역할을 한다는 이야기도 할 거예요.

이 책에서 소개하는 기술들은 단기간 지속되는 스트레스 상황에서 사용할 수 있는데, 장기간 지속되는 심각한 스트레스 상황에서도 효과적이랍니다. 회복탄력성은 감정적으로 힘든 시기에도 삶에서 기쁨과 의미를 찾을 수 있음을 깨닫는 것이 핵심입니다.

과거는 여러분의 미래를 정하지 못합니다. 과거를 떠올리면서 스트레스를 잘 다루지 못했다고 느낄 수도 있어요. 살아오면서 힘든 일을 아주 많이 겪었을 수도 있습니다. 하지만 여러분은 지금부터 시작할 수 있어요. 힘든 상황 속에서도 배우고 성장할 수 있습니다. 이 책을 읽으면서 마음을 열고 다양한 기술을 시도하며 자신에게 알맞은 방법을 찾아보세요. 이제 여러분은 더 건강하고 행복한 생활을 만드는 여정을 시작했습니다. 여러분 모두 자신만의 개성 있는 회복탄력성 레시피를 만들어 마음 근육을 키워 보는 거예요!

1부

몸
돌보는 방법

삶의 목적과 의미를 찾는 방법	몸 돌보는 방법
회복탄력성	
주변 세상을 이해하고 받아들이는 방법	마음과 감정 돌보는 방법

일상의 규칙 찾기

'일상'이라는 단어를 생각하면 '따분한'이라는 형용사가 함께 떠오르나요? 어느 정도는 사실이기도 합니다. 하지만 잘 짜인 일상은 회복탄력성을 키우는 핵심이에요. 특히 수면, 식사, 운동, 전자 기기 사용 같은 부분은 관리할 필요가 있죠. 이런 요소들은 건강한 신체와 감정의 기본을 이루거든요. 여러분도 기본 요소 중 하나가 어긋나는 바람에 균형을 잃은 경험이 있을 거예요.

우리의 몸은 조용하고 예측할 수 있는 환경 속에서 가장 잘 작동해요. 규칙적으로 잠을 자고, 적당히 운동하고,

영양분을 골고루 섭취하는 일은 우리가 잘 살아가는 데 도움을 줍니다. 여러분이 적절하게 휴식을 취하고 기력도 충분한 상태라면, 몸은 벼락치기 시험 공부처럼 짧은 시간 동안 겪는 스트레스에 쉽게 적응할 거예요. 또 주중에 피곤이 쌓이지 않는다면 주말에 친구와 늦게까지 수다를 떨 수도 있고요.

이번 장에서 소개할 기술은 기본적인 것들이 많아서 별것 아니라고 여길 수도 있어요. 하지만 여러분은 곧 일상 속 아주 사소한 변화가 큰 효과를 발휘한다는 사실을 알게 될 거예요. 잘 짜인 일상 덕분에 스트레스 또한 잘 감당해 내고, 즐거운 시간을 제대로 누릴 수 있게 될 거랍니다.

몸을 평온하게 유지하기

규칙적인 일상이 왜 그렇게 중요한 걸까요? 이것을 알기 전에 먼저 몸이 외부 자극에 어떻게 반응하는지 살펴봐야 합니다.

우리 몸은 단기 스트레스에 잘 대처하도록 만들어졌습니다. 석기 시대에 호랑이를 피해 달아나는 사람을 상상해 보세요. 그 사람이 호랑이와 마주쳤을 때, 몸속에서는 어떤 일이 일어날까요? '교감 신경계'가 작동해 그 즉시 '투쟁 도피 반응'이 일어납니다. 몸이 호랑이를 피해 도망치거나 싸울 준비를 한다는 뜻이지요. 투쟁 도피 반응이 일어나면 더 많은 에너지를 내기 위해 심장 박동 수가 증가하고, 더 잘 보기 위해서 동공이 확장되며 소화 작용이 느려집니다. 또 스트레스를 받으면 시상 하부 뇌하수체의 부신피질 축이 활성화되는데요. 부신은 몸에 신호를 보내 코르티솔을 비롯한 여러 스트레스 호르몬을 만들어 내요. 이 호르몬들은 혈압과 혈당을 증가시켜서 스트레스 상황에 대처하도록 합니다.

스트레스 상황이 끝나면(호랑이가 죽거나 저 멀리 달아나 버리면) 몸이 진정되기까지 20분이 넘는 시간이 걸립니다. 일반적으로 우리 몸은 단기간의 스트레스에 대응하도록 구성되어 있어요. 갖고 있던 연료를 사용했다면 쉬어야 합니다. 만약 규칙적인 일상을 유지해 왔다면, 갑작스럽게 닥친 스트레스로부터 어렵지 않게 회복할 거예요. 평소의 수면, 식사, 운동이 매우 중요한 까닭입니다.

수면 습관 만들기

규칙적인 일상을 만드는 방법 중 하나는 수면 습관을 잘 들이는 일이에요. 대부분의 청소년들은 수면 시간이 규칙적이지 않습니다. 숙제, 동아리 활동, 운동, 아르바이트 등 해야 할 일이 매우 많죠. 하루를 마치고 잠자리에 들 때도 내일 할 일 때문에 걱정하느라 잠 못 이룰지도 모릅니다.

잠을 제대로 못 자면 해야 할 일에 집중하기 어렵고 기분도 처지고 활기도 떨어집니다. 갑자기 예상치 못한 스트레스가 닥쳤는데 충분히 쉬지 못했다면 스트레스를 감당하기 힘든 건 당연한 일입니다.

이러한 상황에 대처하고 싶다면 안전하고 예측 가능한 환경을 만들어 보세요. 사람은 습관의 동물이에요. 수면 습관을 잘 들이면 몇 주 정도 지난 뒤에는 특정한 장소와 반복되는 규칙이 휴식과 밀접한 관계가 있다는 사실을 알게 될 거예요. 일주일에 한 번 정도는 규칙을 벗어나도 괜찮겠지만, 되도록이면 매일 수면 규칙을 지키는 것이 좋습니다. 다음은 여러분이 잠을 잘 때 반드시 지켜야 할 조건들입니다.

♥ **수면 체크 리스트**

1. 매일 밤 비슷한 시각에 잠을 자나요? □ 네 ☑ 아니오

   적어도 일주일에 4일 정도는 같은 시각에 잠자리에 들어야 합니다. 바로 잠들지 못하더라도 걱정하지 마세요. 새로운 습관을 들이는 일은 누구나 어렵거든요.

2. 매일 아침 비슷한 시각에 일어나나요? □ 네 ☑ 아니오

   최소한 일주일에 4일 정도는 같은 시각에 일어나도록 알람을 설정해 보세요. 처음 일주일은 평소보다 좀 더 졸릴 수도 있어요. 하지만 결국에는 같은 시각에 잠들고 일어나는 일이 습관으로 자리 잡을 거예요.

3. 잠자는 장소가 조용한가요? □ 네 ☑ 아니오

   어떤 소음에 방해받는지 살펴보세요. 전자 기기의 소리를 끄거나 줄일 수 있나요? 귀마개가 필요한가요? 소음을 차단할 배경음이 필요한가요? 어떤 사람들은 잠들 때 방해되는 소음을 덮기 위해

백색 소음을 틀기도 합니다. 백색 소음은 라디오의 잡음처럼 음폭이 넓고 고르게 분포되어 있어 일상생활에 방해가 되지 않는 소리예요. 또 빗소리나 모닥불 소리처럼 차분한 소리를 좋아하는 사람도 있습니다.

4. 잠자리에 들기 전에 전자 기기를 사용하나요? ☑ 네 □ 아니오

전자 기기 사용을 제한해 보세요. 전자 기기는 빛을 내뿜는데, 특히 블루라이트는 수면에 필요한 호르몬이 분비되지 못하게 방해합니다. 가능하다면 잠자리에 들기 최소 한 시간 전에는 전자 기기를 사용하지 않도록 노력해 보세요. 너무 어려운 일이라고 생각된다면 잠들기 30분 전부터 시작해 보는 거예요. 당장 할 수 있는 쉬운 단계부터 시작해 보세요.

5. 침대 주변에 전자 기기를 놓아두나요? ☑ 네 □ 아니오

침대에서 멀리 놓아두세요. 다시 말하지만, 전자 기기가 내뿜는 블루라이트가 수면 호르몬이 분비되지 못하게 방해하거든요. 문자 수신을 알리는 진동음도 수면에 방해가 됩니다. 일어날 때 알람이 필요하다면 아날로그 알람 시계를 이용해 보세요.

6. 수면 환경을 방해할 만한 물건이 있나요? ☑ 네 □ 아니오

수면 환경을 좀 더 편안하게 만들 방법을 찾아보세요. 예를 들어 교과서나 컴퓨터 때문에 내일 할 일이 떠올라 스트레스를 받는다

면 그걸 방 밖으로 내놓는 편이 좋겠지요. 잠을 자는 곳은 여러분을 행복하게 해 주는 색깔과 물건으로 꾸며 놓은 곳이어야 해요.

매일 이 규칙을 지키지 못해도 걱정하지는 마세요. 새로운 습관을 만들려면 최소한 '8주'가 필요하다는 점을 기억하세요. 일주일에 4~5일 동안 유지하는 것을 목표로 계속 도전해 보는 거예요. 수면 습관을 기르기 위해 공들이기 시작하면, 잠드는 데에도 노력이 필요하다는 사실을 깨달을 거예요. 다음에는 수면을 돕는 두 가지 기술을 소개할게요.

수면을 위한 점진적 근육 이완법

점진적 근육 이완법이란 근육에 힘을 주었다가 푸는 운동이에요. 이렇게 하면 몸의 긴장을 덜어 내는 데 도움이 됩니다. 아프다는 느낌이 들면 안 되기 때문에 잘 안 되는 부분은 건너뛰세요. 힘을 주었다가 푸는 것을 한 세트로 해서 2~3회 반복하면 최고의 효과를 낼 수 있답니다.

침대나 이불 위에 누워서 몇 차례 심호흡을 합니다.

1. 발가락을 머리 방향으로 뻗습니다. 발가락을 길게 잡아당기는 감각을 느낍니다. 다시 자연스러운 자세로 돌아옵니다. 발바닥 아치 부분의 긴장이 풀리고 발가락이 제자리로 돌아오면서 편안해집니다. 긴장과 이완의 차이를 느껴 보세요.

2. 발가락을 머리 방향으로 뻗으면서 종아리 근육을 늘립니다. 다리의 긴장을 천천히 풀면서 발목과 종아리 근육이 편안하게 이완되는 감각을 느껴 보세요.

3. 엉덩이 근육을 조입니다. 천천히 근육의 긴장을 풀면서 허리와 다리 근육이 함께 편안하게 이완되는 감각을 느껴 보세요.

4. 숨을 깊게 들이쉬면서 배와 가슴을 부풀립니다. 숨을 내쉬면서 긴장을 풀고 편안한 자세로 돌아옵니다. 숨을 한 번 더 들이쉽니다. 이번에는 복부 근육을 척추 쪽으로 붙인다는 느낌으로 숨을 끝까지 뱉습니다. 다시 같은 방법으로 호흡하면서 이번에는 복부와 흉부 근육의 긴장이 풀어질 때 자연스럽게 생기는 흐름을 느껴 보세요.

5. 양쪽 어깨를 귀 쪽으로 추켜올립니다. 이제 어깨를 천천히 움직여 원래 위치로 되돌리세요. 어깨가 긴장했을 때와 긴장이 풀렸을 때의 차이를 느껴 보세요.

6. 양손을 주먹 쥡니다. 손목과 손가락이 편안한 느낌이 들도록 손을 폅니다. 이를 활짝 드러내고 웃긴 표정을 짓습니다(걱정하지 마세요. 아무도 안 본답니다). 표정을 풀면서 입꼬리가 내려가는 감각을 느껴 보세요.

7. 눈을 꼭 감습니다. 그런 다음 천천히 눈을 뜹니다. 눈꺼풀과 뺨 근육이 편안하게 풀리는 감각을 느껴 보세요.

8. 지금까지 움직였던 모든 근육을 동시에 조이고 풀어 줍니다. 발가락을 머리 방향으로 구부리고, 숨을 깊게 들이쉬고, 어깨를 추켜올리고, 주먹을 쥐고 눈을 꼭 감습니다. 긴장을 풀면서 몸의 부위별 근육의 차이를 느껴 봅니다.

  몸을 긴장하는 버릇이 있는 사람들은 보통 점진적 근육 이완법을 마음에 들어 해요. 그래도 긴장이 된다면 생각을 차분하게 유지하는 데 초점을 맞춘 방법을 따라 연습해 보는 것도 좋습니다.

수면을 위한 심상 유도법

심호흡을 몇 차례 하고 눈을 살짝 감습니다. 편안하고 안전한 장소를 상상해 보세요. 그곳은 여러분만의 공간입니다. 해변이거나 산일 수도 있고, 친구와 함께하거나 집일 수도 있습니다. 어디든 괜찮습니다.

주변을 찬찬히 둘러봅니다. 무엇이 보이나요? 무슨 소리가 들리나요? 잠시 그 소리에 귀를 기울입니다. 주변에서 어떤 냄새가 나는지 맡아 보세요.

이제 주변을 걸어 다니는 상상을 해 봅니다. 부드러운 담요나 모래 한 줌처럼 기분이 좋아지는 무엇인가를 집어 올릴 수도 있겠네요. 잠시 여러분이 만든 공간을 마음껏 즐겨 보세요. 여러분이 원한다면 언제든지 그곳에 다녀올 수 있어요. 이곳은 스트레스를 받을 때 찾을 수 있는 여러분만의 장소지요.

이 훈련을 하루 동안 여러 시간에 시도해 보고 자신에게 가장 잘 맞는 시간을 찾습니다. 잠을 자려고 누웠을 때나 그날 해야 할 숙제를 마친 뒤 해 볼 수 있겠지요. 언제 가장 효과적인지 여러분이 직접 확인해 보세요.

식사와 운동 습관 만들기

수면 습관이 자리 잡혔다면(그리고 반복되는 일상이 조금 지루해졌다면) 다음으로 신경 써야 할 일은 식사와 운동입니다. 자신의 몸이 일상에서 좋은 쪽으로든 나쁜 쪽으로든 예측하기 어려운 상황에 적절하게 대처할 수 있으면 좋겠다고 생각한 적이 있나요? 그런 능력이 있다면 학교에서 갑작스러운 과제가 나오거나 주말에 친구들과 신나게 놀 기회가 생겼을 때 지치지 않고 해낼 수 있겠지요.

　식사와 운동이 중요한 데에는 생물학적인 이유도 있습니다. 스트레스를 받으면 몸은 복잡한 과정을 거쳐 질병과 싸울 준비를 합니다. 그 과정에서 열이 나거나 몸이 붓거나 염증이 생기는데, 이런 증상은 장기적으로 볼 때 몸에 좋지 않은 영향을 끼쳐요. 건강하고 영양가 풍부한 식단과 적당한 운동은 염증을 줄여 줍니다. 즉, 단기간 앓는 질병이나 스트레스 요인과 싸울 때 몸이 쉽게 지치거나 아프지 않게 도와줍니다. 식사와 운동이 회복탄력성에서 중요한 이유지요.

　많은 청소년이 에너지를 끌어올리기 위해 단맛이 나는

탄산음료, 에너지 음료, 인스턴트, 가공식품 등을 찾습니다. 이런 음식은 며칠 정도 효과가 있는 듯 느껴질지도 모릅니다. 하지만 시간이 지나면 몸이 둔해지는 느낌이 들어요. 혈당을 빠르게 올리면 단기간 에너지를 낼 수 있겠지만, 몇 주 동안 매일 밤 늦게까지 깨어 있기는 힘듭니다.

균형 잡힌 식사와 운동 습관은 학교에서 수업을 듣고 숙제를 하는 등 여러분의 일상이 활기차도록 도와줍니다.

오해하지 말아 주세요. 식사와 운동 습관을 기르라는 말이 여러분이 좋아하는 것을 누리지 말라는 뜻은 아니랍니다. 4~5일 정도 건강한 식단과 운동 스케줄을 지켰다면 나머지 2~3일은 약간 느슨하게 지내도 괜찮아요. 예를 들면, 주중에는 식단과 운동 규칙을 따르고 주말에는 편하게 지내는 식이지요.

···간단한 생활 습관으로 슬럼프를 극복한 마야···

마야의 학교는 코로나19가 대유행하면서 온라인 수업으로 전환했습니다. 사회적 거리 두기 때문에 동아리 활동을 하거나 친구들과 어울릴 수도 없었습니다. 바쁜 일정으로 가득 찼던 하루하루가 아무 계획도 없는 나날로 바뀌어 버렸습니다. 그러다 보니 마야는 매일 인스턴트와 가공식품을 먹었습니다. 체육 수업이 없으니 운동도 하지 않았지요. 또 늦은 시간까지 깨어 있다가 잠자리에 드니 온라인 수업에 집중하기가 힘들었습니다.

몇 주가 지난 뒤, 마야와 가족들은 코로나19가 금방 끝나지 않을 거라는 사실을 깨달았습니다. 격리된 채 지내는 시간이 얼마나 길어질지 예측하기 어려운 상황이었지요. 가족들은 활기찬 기분을 되찾기 위해 새로운 일상 습관을 들일 방법을 고민했습니다. 마야는 슬럼프에서 벗어나기 위해서 오전에 해야 할 일들을 목록으로 만들었습니다. 마야가 작성한 목록은 간단하고 현실적이었지요. 주중에는 10시에 일어나서 토스트와 과일을 먹기로 했습니다. 아침 식사를 마치면 바로 뒤뜰로 나가 심호흡을 해야겠다고 결심했지요.

이런 사소한 변화들은 마야가 하루를 건강한 기분으로 보내는 데 도움이 되었습니다. 수업도 잘 듣고, 과제도 잘할 수 있게 되었어요. 작은 습관의 변화가 마야에게 큰 효과를 발휘했습니다.

식사와 운동 습관을 들이는 첫걸음은 지금 여러분이 하는 식사와 운동에 집중하는 거예요. 그리고 달성하기 쉬운 목표를 설정해 보세요.

식사와 운동 습관 기록하기

일주일 동안 수첩이나 핸드폰 메모장에 식사 메뉴와 운동 습관을 기록해 봅시다. 일과를 끝낸 뒤 아래의 질문에 대한 답을 적어 보세요.

1. 일주일 동안 어떤 채소를 먹었나요?

_____

_____

2. 일주일 동안 먹은 가공식품(과자, 사탕, 탄산음료 등)을 써 보세요.

_____

_____

3. 일주일 동안 패스트푸드를 몇 번이나 먹었나요?

_____

4. 일주일 동안 운동(체육 수업, 요가, 빨리 걷기 등)을 얼마나 했는지 써
보세요.

_____

_____

일주일이 끝날 즈음, 건강한 식단과 운동 목표 두 가지를 정해 보세요. 거창하지 않고 쉽게 이룰 수 있는 목표여야 해요. 예를 들면 일주일에 두 번은 방과 후에 과자 대신 과일을 먹는다는 식으로요. 월요일과 수요일, 금요일 아침에는 요가나 스트레칭을 하겠다는 목표도 좋아요. 목표가 실천할 수 있을 정도로 쉽고 구체적인지 확인합니다. 그런 다음 달력이나 다이어리에 적어 두세요!

몇 가지 목표를 정해 뒀으니 마지막 단계로 의욕을 잃지 않을 방법을 생각해 봅시다. 이 책에는 동기를 부여할 수 있는 여러 가지 방법을 담겨 있어요. 이렇게 훈련을 시작해 보면 어떨까요?

자기 자신을 응원하기

의식하든 의식하지 않든 우리는 항상 자신에게 말을 건네고 있답니다! 이건 아주 자연스러운 일이지요. 혼잣말은 긍정적인 변화를 일으키는 데 도움을 주는 중요한 도구입니다. 우리는 원하거나 원하지 않는 것을 자신에게 이야기하기도 하고, 때로는 가혹하게 굴기도 합니다.

식단과 운동에 변화를 주려다 보면 잘 되는 날도 있고 힘든 날도 있을 거예요. 그러니 긍정적인 혼잣말을 익혀서 목표를 이룰 수 있도록 동기를 부여하는 건 어떨까요?

♥ **자신의 노력을 자랑스러워하기**

만족스러운 하루를 보냈을 때 스스로 축하하는 방법을 익혀 보세요. 여러분이 한 노력에 초점을 두고 칭찬합니다. 예를 들면 '과자를 먹을 때 얼마나 먹을지 미리 생각해 둔 일이랑 예상보다 덜 먹은 일은 참 잘했어. 대견해!' '시간 내서 친구랑 농구 시합 한 판 뛰고 나니 뿌듯하네'라는 식으로 말이지요.

♥ **실패해도 자책하지 않기**

오늘 하루 일이 잘 안 풀렸다면 과거가 아닌 미래에 초점을 두고 말해 봅니다. 예를 들면 '오늘 케이크를 많이 먹었지만 괜찮아. 내일은 신경 써서 과일이랑 채소를 좀 더 먹어야겠다'라고 말하는 거예요. 친한 친구에게 하듯이 자신을 너그럽게 대하는 방법이지요.

♥ 좋은 문장을 적어서 붙여 두기

긍정적인 문장들을 핸드폰에 저장하거나 포스트 잇에 적어 눈에 보이는 곳에 붙입니다. 눈으로 계속 보게 되면 머지않아 그렇게 생각하게 될 거예요.

전자 기기와 함께 건강하게 살아가기

전자 기기를 빼놓고 여러분의 일과를 이야기할 수 없겠죠? 컴퓨터, 태블릿, 스마트폰은 우리 생활에서 중요한 역할을 합니다. 하지만 전자 기기는 분별해서 사용해야 해요. 온라인 속 삶이 우리의 생각과 자유 시간을 지배하도록 놔두지 말고 전자 기기가 우리를 위해 작동하도록 만드는 방법을 찾아야 합니다. 미국심리학회에 따르면, 젊은 세대는 이전 세대보다 정신 건강상의 문제를 더 많이 겪는디고 헤요. 응답자의 55%가 소셜 미니어가 정서적으로 지지받는 느낌을 준다고 답했지만 45%는 소셜 미디어를 사용하면서 평가받는 느낌이 들었다고 답했고, 38%는 소셜 미디어 때문에 자책했다고 답했습니다.

···공허한 마음에 소셜 미디어에 의존한 저스틴···

저스틴은 고등학교 졸업반입니다. 친구들 대부분이 대학 진학을 진로로 정할 때, 저스틴은 길 잃은 느낌에 휩싸였습니다. 학교생활을 열심히 하지 않은 데다, 졸업한 뒤 무엇을 하고 싶은지도 알지 못했습니다. 저스틴은 자신이 미래에 대한 계획이 없는 유일한 사람처럼 느껴졌습니다.

3학년 2학기가 되자 저스틴은 수업에 대한 관심마저 줄어들었습니다. 늦잠을 자고 아침과 점심 식사를 건너뛰기 일쑤였습니다. 비슷한 생각을 나눌 사람을 만나고 싶은 마음에 소셜 미디어에서 많은 시간을 보냈지요. 하지만 기대와는 달리 소셜 미디어 속에서도 미래를 계획하는 사람들과 고등학교 시절 친구들이 그리워질 거라는 게시물만 잔뜩 봤습니다. '고등학교 졸업 후에도 별 볼 일 없을 거라고 느끼는 사람 나밖에 없냐?'라는 글을 올려 봤지만 '좋아요' 몇 개밖에 받지 못하자 침울해졌습니다.

소셜 미디어는 잘만 활용한다면 다른 사람과 친밀한 관

계를 맺는 데 도움이 됩니다. 하지만 외롭고 고립되었다고 느끼기도 쉬워요. 소셜 미디어를 사용할 때 어떤 제한선을 둬야 할지 생각해 보는 일은 회복탄력성을 기르는 데 도움이 됩니다. 이 말은 전자 기기가 삶의 전부가 아니라 생활의 일부가 되는 루틴을 짜야 한다는 뜻이에요.

우리는 전체 공개로 게시물을 올리고 '좋아요'를 받는 데 집착하는 문화에서 살아갑니다. 하지만 이런 문화에 참여할지 말지는 스스로 결정할 수 있어요.

전자 기기에 휘둘리지 마세요

아래와 같은 증상이 있다면 전자 기기 사용을 줄여야 합니다.

- ☑ 핸드폰이나 다른 전자 기기를 가지고 있지 않으면 불안하다.
- ☑ 전자 기기를 사용하면서 시간을 보내느라 친구들과 어울리거나 여러 활동에 참여할 수 있는 기회를 포기한다.
- ☑ 사람들과 어울리는 동인에도 계속 핸드폰을 확인한다.

☑ 전자 기기가 가까이에 없으면 잠들기 힘들다.

☑ 수업 시간이나 다른 사람들과 이야기할 때 쉽게 산만해진다.

☑ 소셜 미디어에 접속하면 슬프거나 불안한 마음이 든다.

전자 기기의 사용을 줄이고 싶다면 다음과 같이 해 보세요.

♥ 소셜 미디어에 접속하는 시간을 제한하도록 돕는 앱을 설치합니다.

♥ 하루에 최소 30분 정도는 전자 기기 없이 보냅니다. 식사 시간이 될 수도 있고, 학교나 집으로 걸어갈 때나 재미있는 일을 하는 동안으로 정해도 좋습니다. 잠깐 모든 전자 기기를 치우고 자신이 하는 일에 완전히 몰입해 보세요. 전자 기기 없이 보내는 시간을 하루 한 시간 이상으로 점차 늘려 봅시다.

·····일상의 규칙을 만들기 시작한 케이티·····

케이티는 학교 육상팀에 소속되어 있습니다. 공부도 잘하고 인기도 많아서 친구들은 케이티에게 부족함이 없다고 생각했습니다.

42

하지만 케이티에게도 문제가 있었어요. 육상 경기 시즌이 끝나면 일과가 엉망이 된다는 점입니다. 케이티는 경기가 끝나기가 무섭게 자극적인 인스턴트 음식을 찾았고 밤늦게까지 친구들과 문자를 주고받으면서 소셜 미디어에 빠졌지요. 케이티는 운동으로 잃어버린 시간을 보상받아야 한다는 생각에 사로잡혀서 외출도 많이 하고 늦게까지 깨어 있곤 했어요.

건강한 일상을 되찾기 위해 케이티가 선택할 수 있는 일은 많았습니다. 가장 먼저 식단과 전자 기기 사용 시간, 수면 습관 등을 살펴볼 수 있었지요. 케이티는 전자 기기가 수면에 방해된다는 것을 깨닫고 일주일 중 4일은 핸드폰 없이 잠자리에 들기로 했습니다. 수면의 질이 좋아지자 잠자기 전에 전자 기기 사용을 제한하는 일이 정말로 도움이 된다는 것을 느꼈습니다. 강도 높은 육상 경기 시즌을 마친 뒤 잠시 휴식을 취하고 싶은 마음이 드는 것은 당연했습니다. 케이티도 그 사실을 깨닫고 점심에 인스턴트나 가공식품을 조금만 먹되 과자와 쿠키로 끼니를 때우지 않기로 했습니다. 그리고 가끔 지칠 때마다 케이티는 '열심히 했으니까 좀 누리는 것도 괜찮지. 하지만 건강은 유지하고 싶어'라고 자신을 다독였습니다. 케이티는 이런 사소한 변화들이 기운을 회복하고 활기차게 생활하는 데 도움이 된다고 느꼈습니다.

좋은 규칙으로 잘 짜인 일상은 좀 지루할 수도 있어요. 하지만 여러분이 더 건강하고, 더 재미있게 즐기고, 스트레스 받을 때 잘 대처하도록 돕는 게 바로 그 지루해 보이는 일상이에요. 일상 속 규칙은 자동차에 기름을 채우는 일과 같아요. 습관을 들이면 뜻밖의 장거리 여행을 해야 할 일이 생기더라도 문제없이 다녀올 수 있겠지요!

일상 규칙을 짤 때 자신의 수면, 식단, 운동, 전자 기기 사용량이 어떤지 잘 따져 보세요. 가능한 한 현실적이고 구체적인 목표를 세우되 실수했을 때는 자신을 너그럽게 대해야 합니다. 주변을 둘러보며 경치를 즐기는 일도 잊지 마세요. 여러분은 그럴 자격이 있어요!

잘못된 습관 인정하기

청소년 시기를 보내면서 여러분은 평생에 걸쳐 사용할 건강한 습관을 기르게 될 거예요. 만약 여러분이 지금까지 건강하지 않은 습관으로 생활했더라도 고칠 시간은 충분합니다.

이번에 소개할 기술은 어른들에게 드러내 놓고 말하기 꺼려지는 일에 초점이 맞춰져 있어요. 술, 담배, 약물 사용 같은 것들이요. 어쩌다 한 번 하는 거라고, 혹은 자신에게 해를 끼치려는 의도는 없다고 생각할지도 모릅니다. 문제는 나이가 들면 이런 습관을 바꾸기가 훨씬 어렵다는 점입니다.

　여러분이 술이나 담배나 약물에 호기심을 느끼는 일은 자연스러운 일이에요. 어떤 느낌일지 알고 싶어서 술을 마시거나 담배를 피워 봤을 수도 있습니다. 스트레스를 풀고 싶어서, 혹은 누군가에게 잘 보이고 싶은 마음에 그랬을 수도 있습니다. 하지만 친구들과 어울리기 위해서 우연히 시작한 일이 여러분의 삶에 안 좋은 영향을 주고 있을지도 모릅니다.

　술이나 약물을 사용하거나 담배(혹은 전자 담배)를 피우는 일은 단기적으로는 별문제 없는 듯 느껴질지 몰라도 장기적으로는 악영향을 끼쳐요. 몇 달이 흐르고 몇 년이 지나면 여러분의 신체와 정신 건강을 해칠 거예요. 그래서 이번에는 건강하지 못한 습관을 마주하고, 힘든 일에 대처하는 방식을 바꾸는 법과 건강한 습관을 익힐 방법을 다뤄 보려고 합니다.

나는 어떤 물질에 중독되어 있을까?

술과 약물 사용률은 최근 40년간 감소했습니다. 그럼에도 담배, 술, 처방받은 약, 처방전 없이 살 수 있는 약 등은 십 대들 사이에서 매우 흔하게 사용됩니다. 여기서는 음주와 약물 사용이 어떤 해를 끼치는지 전부 다루지는 않을 거예요. 여러분도 그런 문제에 대해 이미 잘 알고 있을 테니까요. 중독성 있는 물질을 계속 사용하면 스트레스를 겪고 나서 회복탄력성이 일어나기 쉽지 않아져요. 그렇기 때문에 스트레스를 해소하기 위해 자신이 어떤 물질을 사용하고 있는지 돌아보고, 이 문제에 관해 터놓고 이야기하는 일은 매우 중요합니다.

· · · · · · · · · · **술에 의존하게 된 엠마** · · · · · · · · ·

엠마는 고등학교 2학년으로 동아리와 학생회 활동을 하면서 친구를 많이 사귀었습니다. 한번은 친구 한 명이 부모님이 저녁에 외식하러 나간 사이 자기 집에서 술을 마시자고 제안했습니다. 엠마도 부모님 몰래 모임에서 맥주 몇 잔을 마신 적이 있었기 때문에 일탈을 즐겼습니다.

한편 시간이 지날수록 엠마는 생물학 수업을 따라가기가 너무 힘들었습니다. 선생님이 자신을 그리 똑똑하지 않다고 생각하는 것 같았고, 시험 점수도 떨어졌죠. 엠마는 대학에 가지 못하면 어쩌나 걱정하기 시작했습니다. 불안은 갈수록 커져 엠마는 평일에도 혼자 맥주를 한두 잔씩 마시기 시작했습니다. 미래에 대한 걱정을 더는 데 도움이 되었거든요. 결국 엠마는 힘든 감정을 다스리고 싶어서 술을 마신다는 사실을 인정할 수밖에 없었습니다.

정상적인 목적의 '물질 사용'과 물질을 함부로 사용하는 '물질 남용'은 구분하기 어렵습니다. 그 둘을 구분하기가 쉽지 않은 이유 중 하나는 물질 사용이 청소년들 사이에서 너무나도 일반적이기 때문입니다. 고등학교 3학년까지의 청소년들 중 42%가 술을 한 모금 이상 마셨고, 26%가 취한 경험이 있다고 해요. 또한 8%가 담배를 피웠고, 27%가 전자 담배를 사용했습니다. 그리고 14%가 옥시코돈이나 바이코딘 같은 마약성 진통제, 각성 작용을 일으키는 암페타민류의 처방 약품을 사용했다고 합니다.

이런 상황에서 자신의 물질 사용 정도가 걱정할 수준인지 아닌지 판단하는 일은 어려울 거예요. 다음 질문들을 살펴보세요. 자신의 상태가 도움을 구해야 하는 단계인지 판단하는 데 도움이 될 거예요.

물질 남용 체크 리스트

아래 질문에 가능한 한 정직하게 답해 보세요. 이 과정을 통해 자신을 잘 돌보는 법을 배우면 살면서 예측하지 못한 일을 만났을 때 다시 회복할 수 있어요.

☐ 친구들과 어울릴 때 종종 술을 마시거나 담배를 피운다.

☐ 술을 한 자리에서 네 잔 이상 마신 적이 있다.

☐ 처방이 필요한 약물을 의사가 나에게 처방하지 않았던 방식(다른 사람의 처방전을 사용한다거나, 자신의 처방전을 지나치게 많이 받거나, 의학적으로 더는 필요 없는 처방전을 받는 등)으로 사용한 적이 있다.

☐ 헤로인, 흡입제, 신경 안정제, 환각제 등의 불법 약물을 사용해 본 적이 있다.

☐   물질 사용으로 학교나 집에서 곤란한 일을 겪은 적이 있다.

만약 그렇다고 답한 문항이 있다면 도움을 구해야 합니다. 지금이 바로 그런 습관을 바꿔야 할 때예요. 친목을 다지는 상황에서 가끔 술을 마시거나 담배를 피워 볼 수는 있겠지만 몇몇 심각한 행동(한 자리에서 술을 네 잔 이상 마신다거나, 처방 약물을 용법과 다르게 사용하거나, 헤로인이나 흡입제 같은 물질을 사용하는 일)은 앞으로 약물을 남용할 위험이 높다는 사실을 나타내거든요.

믿을 만한 어른을 찾아가 이야기하세요. 가족, 친척, 선생님 누구라도 좋습니다. 누구를 믿어야 할지 판단이 서지 않는다면 이 책의 3부에서 튼튼한 조력 관계를 찾고 유지할 방법을 참고해 보는 것도 좋아요. 책 마지막 부분의 '유용한 웹사이트'에도 도움이 될 만한 정보를 실어 뒀습니다. 여러분이 이 책을 고른 까닭은 스스로 멋진 인생을 만들어 가겠다고 다짐했기 때문일 거예요. 도움을 구하는 일은 앞으로 나아갈 여정에서 아주 중요한 과제랍니다.

물질 사용으로 문제를 겪고 있다면, 물질을 대체할 수

있는 즐겁고 건강한 다른 방법을 찾아야 합니다. 다른 것으로 대체하지 않고 일상의 어떤 부분을 삭제하는 일은 불가능해요. 지금부터 자기 관리를 위한 좋은 습관을 들일 방법을 소개할게요. 건강한 자기 관리 습관은 회복탄력성의 핵심 기술입니다.

건강한 대처법 만들기

좋아하는 것을 찾아서 매일 해 보세요. 좋아하는 것은 각자마다 다 다르죠. 할 수 있는 것은 셀 수 없이 많습니다. 몇 가지 예를 들어 볼게요.

- ♥ 걷기, 요가하기, 자전거 타기
- ♥ 드로잉, 만들기
- ♥ 음악 듣기, 노래하기, 악기 연주
- ♥ 친구와 이야기 나누기
- ♥ 편지 쓰기, 시나 소설 쓰기
- ♥ 헤어스타일 바꾸기, 화장하기

- ♥ 게임하기

- ♥ 욕조에 편안하게 몸을 담그거나 샤워하기

- ♥ 책 읽기

- ♥ 과자나 빵 만들기

- ♥ 사진 찍기

쉽게 할 수 있는 일을 하나 정도 떠올려 보세요. 매일 똑같은 것을 하거나 새로운 일에 도전해도 좋습니다. 몸을 건강하게 유지하는 데는 정답도 오답도 없어요. 자신을 건강하게 돌볼수록 스트레스를 견디기 위해 약물을 사용할 가능성은 줄어듭니다.

자신을 잘 돌보기 위해 신경 쓰기 시작하면 좋지 않은 것들을 끊어 낼 수 있습니다. 사람들과 어울리는 자리에서 술, 담배, 약물을 해 본 경험이 있을수록 모든 상황에서 자신의 건강과 안전을 최우선에 두는 전략을 세우는 일은 매우 중요해요. 한 번만 해 보려는 호기심이 물질 남용으로 발전하지 않도록 말이지요.

자기 자신을 안전하게 지키는 방법

짧든 길든 심한 스트레스를 겪는 동안 다른 대처 방법을 찾는다면 회복탄력성을 발휘할 수 있습니다. 물질을 사용하는 친구들이 꽤 많기 때문에 여러분도 언제라도 물질을 접할 상황에 놓일 수 있어요. 그러니 자신을 안전하게 지킬 방법을 고민해야 합니다. 무엇이 괜찮은지, 무엇이 위험한지 잘 따져 봐야 하지요. 다음은 약물, 술, 담배 등이 오가는 상황에서 자신을 안전하게 지킬 방법이에요.

♥ **필요하다면 자리를 떠나기**

약물과 술이 있는 장소에 있어 불편함을 느낀다면(취한 사람이 많다면) 그 상황에서 벗어나야 합니다. 자리를 뜰 수 없다면 믿을 만한 어른에게 연락해서 도움을 받습니다.

♥ **모임에 갔을 때 지켜야 할 기준을 정해 두기**

물론 술을 마시지 않는 편이 더 좋습니다. 누구나 납득할 만한 한계를 정해 두는 일은 물질 사용에 있어 더욱 건강한 방향으로 나아가는 과정입니다.

♥ 술을 마시거나 약물을 복용했을 때는 애정 행각 피하기

술을 마시면 분별력이 떨어집니다. 이 상태에서는 동의 의사를 표현하기 어렵습니다.

♥ 친구를 신중히 선택하기

습관적으로 담배를 피우거나 술을 마시는 친구가 있다면 어울리지 않거나 만나는 횟수를 줄입니다. 학교나 동아리 모임 같은 곳에서 다른 친구들과 어울리는 방법도 있어요(신뢰를 기반으로 한 안전한 관계를 형성하는 방법은 3부에서 더 자세히 다룹니다).

♥ 자신의 감정을 돌아보기

불안하거나 우울함 때문에 약물, 술, 담배를 하지 마세요. 힘든 감정을 없애기 위해서 물질을 사용하면 의존성이 높아져서 중독으로 이어지기 쉽습니다.

그럼 뭘 해야 하냐고요? 건강한 대처법이 있다면 두말할 필요 없이 그 방법을 선택해야겠지요. 딱히 선택할 대처법이 없다면 자신에게 맞는 방법을 찾아야 합니다. 찾기 전까지는 자신을 안전하게 지키기 위해 차근차근 단계를 밟아야 해요.

스트레스가 심할 때 여러분은 이를 한 번에 풀 대처법

이 있으면 좋겠다고 생각할 거예요. 물질 사용은 단기적으로는 효과가 있는 듯 느껴질지 몰라도 결국 문제만 악화시킵니다. 반면 회복탄력성이 있는 사람은 건강한 습관에 힘입어 힘든 시기를 헤쳐 나갑니다.

···· 약물 중독에서 벗어나기로 결심한 애슐리 ····

애슐리는 성적과 고등학교 졸업 후 진로를 두고 지나치게 걱정이 많았습니다. 그러던 어느 날 학교 친구가 수업 시간에 집중하기 위해 각성제의 한 종류인 암페타민을 복용한다는 사실을 알고 애슐리는 약을 좀 나눠 달라고 부탁했습니다.

약을 먹는 몇 주 동안은 기분이 굉장히 좋았습니다. 하지만 몇 달이 지나자 악몽에 시달리기 시작했고, 늘 초조하고 불안해졌습니다. 애슐리는 암페타민을 끊으면 성적이 다시 떨어질까 봐 걱정되었지만, 이렇게 심한 불안감을 계속 안고 살 수는 없었지요. 결국 애슐리는 암페타민을 끊어야겠다고 마음먹고 약을 주는 친구를 만나지 않기로 했습니다. 암페타민을 끊은 지 일주일 정도 지나자 매일 아침 지친 기분이 들고 짜증이 났습니다. 애슐리는 용기를 내어 대학생인 언니에게 자신의 상황을 털어놓고 도움을 구했습니다. 상황의 심각성을 느낀 언니는 고민 끝에 부모님에게 이야기했습니다. 상황을 알게 된 부모님은 화를 냈지만 학교 상담 선생님과 생활 지도 선생님을 찾아가 애슐리의 성적과 불안 문제를 상담하고 조언을 구했습니다.

애슐리와 상담 선생님은 스트레스 원인을 해결하고 불안을 멈출 방법을 의논했습니다. 애슐리는 그림을 그릴 때 마음이 편해지면서 잡생각이 사라졌던 경험을 떠올리고 드로잉을 다시 시작했습니다. 아주 작은 변화였지만 애슐리는 다시 일상으로 되돌아가는 느낌을 받았습니다.

애슐리의 선택은 시간이 걸릴지라도 회복탄력성을 길러 줄 거예요. 자신의 직감을 믿고 약을 주는 친구를 멀리하고 물질 남용 사실을 가족에게 솔직히 이야기하는 일은 두렵겠지만 매우 중요합니다.

애슐리는 대학에 진학하거나 직장에 다니면서 다시 스트레스 받는 상황을 마주할 거예요. 하지만 자신의 예술적 감각과 가족의 도움이 건강한 자원이라는 사실을 알고 있다면 힘든 시간이 닥쳐도 스트레스를 건강하게 해결할 가능성이 크겠지요. 여러분도 애슐리처럼 힘든 일을 겪을 때 어떤 건강한 활동에 의지하면 좋을지 생각해 보세요.

회복탄력성 재점검

물질 남용 사실을 털어놓는 일은 쉽지 않습니다. 별일 아니라고, 그냥 성장하면서 겪기 마련인 일이라고 생각하고 싶을 거예요. 하지만 그건 아주 일부분만 사실입니다. 술, 약물, 담배를 자주 사용하지 않는 십 대들은 힘든 일을 겪을 때 회복탄력성이 훨씬 뛰어나다는 사실을 이제는 알 거예요.

술, 약물, 담배 등을 아직 시작하지 않았다면 가까이하지 마세요. 이미 시작했다면 자신에게 솔직해지세요. 친구들과 어울릴 때 가끔 물질을 사용하나요? 또는 스트레스 받는 상황이나 그런 기분에서 벗어나기 위해 사용하나요? 물질 사용이 학교 생활이나 관계 형성을 방해한다고 느낀다면 도움이 필요한 상황입니다. 즐겁고 건강한 대처 전략을 마련해 두는 일은 몇 달 혹은 몇 년 뒤 큰 성과로 돌아온답니다! 그러니 그동안 자신을 너그럽게 대하세요. 매일 자신을 위해 무언가 해야 한다는 점을 잊지 마세요.

마음과 감정
돌보는 방법

삶의 목적과 의미를 찾는 방법	몸 돌보는 방법

회복탄력성

주변 세상을 이해하고 받아들이는 방법	마음과 감성 돌보는 방법

몸과 마음을
평온하게 유지하기

우리는 과거에 무슨 일이 있었는지, 미래에 무슨 일이 벌어질지 생각하면서 많은 시간을 보냅니다. 그에 비해 지금 일어나는 일에는 그다지 집중하지 않아요. 물론 과거에서 배우고 미래를 꿈꾸는 일은 중요해요. 하지만 지금 여기에서 실제로 벌어지는 일을 살피고 감사하는 일 역시 중요하답니다.

현재에 집중하는 능력은 우리에게 일어나는 일을 온전히 즐기도록 만듭니다. 좋은 시기에 더욱 감사하게 하며, 스트레스 받는 시기에는 불안을 잠재울 수 있도록 도움을 주지요. 이처럼 현재에 마음을 쏟아 온전히 집중하는 능력을 '마음 챙김'이라고 부릅니다. 이것은 회복탄력성의 핵심 기술로, 스트레스 받는 시간은 영원하지 않으며 언젠가는 좋은 일이 찾아오기 마련이라는 사실을 기억하게 해 줍니다.

마음 챙김

❶ 무언가를 의식하거나 인식하는 상태나 성질.

❷ 자신의 감정과 생각, 신체 감각을 섣불리 판단하지 않고 그대로 인정하고 받아들이면서 지금 이 순간에 의식을 집중시켜 도달한 정신 상태. 치료 기법으로 활용되기도 한다.

마음 챙김의 첫 번째 정의는 무언가에 집중하고 있다는 뜻입니다. 여러분은 자신의 주변과 내면에서 어떤 일이 벌어지는지 알고 있나요?

두 번째 정의는 마음 챙김을 활동으로 정의합니다. 이 책에서는 두 번째 의미에 집중하는데, 마음 챙김을 기술로 활용하지요. 지금 이 순간에 주의를 기울이는 훈련을 통해 우리는 마음 챙김을 실천할 수 있습니다. 마음 챙김은 단순히 정신 상태를 뜻하는 게 아니에요. 태어나면서부터 갖고 있던 것도 아니죠. 마음 챙김은 인내하고 훈련하면서 발달시켜야 한답니다. 마음 챙김은 어디에서나 사용 가능합니다. 장비나 특별한 환경도 필요 없어요. 마음 챙김 수련법에 관해 이야기하기 전에, 왜 이것이 강력한 기술인지 이유를 설명해 볼게요.

왜 마음 챙김이 필요한가요?

우리는 간혹 아무 일에도 신경 쓰지 않고 싶거나 자신의 문제를 잊고 싶을 때가 있습니다. 신경 쓰지 않으려는 마음이 늘 나쁜 것만은 아니에요. 관심을 다른 데로 돌리면 잠깐은 편할지도 모릅니다. 하지만 그것이 유일한 대처법이라면 효과가 오래가기를 기대하기는 힘듭니다. 장기적인 관점에서 마음을 진정시킬 방법을 찾아야 하는데, 많은 연구에서 마음 챙김이 주의를 집중시켜 상황을 잘 처리하도록 만드는 데 도움이 된다고 밝혀졌어요. 또한 마음 챙김은 만성 질환 및 나양한 스드레스 요인을 마주했을 때 이에 대처하는 데 도움을 줍니다.

마음 챙김 훈련을 하면 과거와 미래를 균형 잡힌 시각으로 볼 수 있어, 회복탄력성 전략으로 매우 유용합니다. 또 현재를 어떻게 살아갈지 고민하게 만들죠. 이처럼 마음 챙김의 좋은 점은 아주 다양합니다. 무엇보다 건강하고 평온한 마음을 유지할 수 있어요.

· · · · · · · 입시 스트레스에 시달리는 로렌 · · · · · · ·

모범생인 로렌은 대학교 입시를 앞두고 걱정이 많았습니다. 좋은 대학에 들어가지 못하면 좋은 직장을 얻지 못할 테고, 그러면 가족들이 실망할 거라고 생각했지요. 아빠는 로렌이 어렸을 때 집을 나갔는데, 이 때문에 로렌은 장학금을 받아서 가족들에게 자랑스러운 사람이 되어야 한다는 압박감에 시달렸습니다.

최근 들어서 로렌은 잠도 제대로 못 잤습니다. 생각이 꼬리에 꼬리를 물었고, 시험을 망치거나 과제를 제출하지 못하면 어쩌나 걱정하면서 잠을 설칠 때가 많았지요. 걱정 때문에 심한 두통에 시달리기도 했습니다.

로렌은 이루고 싶은 게 많아요. 장학금을 받으려는 노력은 분명 훌륭한 일이지요. 여러분은 로렌의 열망에 공

64

감하나요? 그렇다 해도, 미래를 향한 로렌의 강한 의지는 수면을 방해하고 두통을 일으켰습니다. 불안할 때는 투쟁 도피 반응이 활성화되고 근육이 긴장하거든요. 로렌이 미래의 모든 일이 어그러지면 어쩌나 걱정하자 몸이 아직 생기지도 않은 일 때문에 생긴 엄청난 스트레스를 처리하기 위해 미리 준비에 들어간 거죠. 로렌은 미래가 아닌 지금 이 순간으로 자신을 데려올 방법을 찾아야 하는데, 이럴 때 마음 챙김 기술이 유용합니다.

마음 챙김의 가장 큰 장점은 좋은 일에 더 집중하게 하며, 좋지 않은 일에 휘둘리지 않도록 막아 준다는 점이에요. 살다가 스트레스 가득한 상황을 마주했을 때 마음 챙김은 그 상황을 극복하도록 도와줍니다.

마음 챙김은 여러분의 머릿속에 있는 모든 생각을 효과적으로 다루는 데도 도움이 됩니다. 우리의 머릿속에는 수많은 생각이 스쳐 갑니다. 그러니 우리는 항상 혼잣말을 하는 셈이죠. 미쳤기 때문이 아니라, 인간은 원래 그런 존재입니다. 머릿속을 스치는 생각을 모조리 합쳐 보면 다른 누구에게보다 자신에게 말을 많이 한다는 사실을 깨닫게 될 기예요!

다음 중 평소에 들었던 생각이 있나요?

'이 게임 진짜 잘 만들었네.'

'저 남자애 귀엽다.'

'바보 같은 말 좀 그만하고 싶어.'

'시험 망친 거 실화야?'

'아, 여기 너무 시끄럽네.'

'이건 절대 못 배울 듯.'

'내가 결정을 제대로 한 건지 모르겠어.'

'실수했으면 어쩌지?'

    자신에게 하는 말에 관심을 가져 보면, 그 말들이 대개 과거나 미래에 관한 이야기라는 사실을 알게 됩니다. 이 건 아주 자연스러운 일이지만, 가끔 우리는 과거나 미래를 너무 신경 쓰느라 바로 앞에서 벌어지는 일을 놓치기도 해요. 생각해 보면 우리가 경험하는 유일한 순간인데 말이죠.

    바로 지금, 여러분은 이 문장을 읽고 있어요. 이전의 문장도 이 다음 문장도 아니에요. 과거는 이미 일어났고 미래는 아직 일어나지 않았지요. 다음 문장을 어떻게 이해할지 걱정할 필요는 없어요. 그저 이 문장을 읽고 이해했다는 사실에 감사하면 됩니다. 가끔은 이것이 큰 위안이 되기도 한답니다. 특히 스트레스를 받을 때면 더욱더 그렇지요.

마음 챙김 기술은 여러분이 자기 생각에 집중하도록 도울 뿐만 아니라 지금 이 순간에 집중해 더욱 단단히 뿌리내리도록 도와줍니다. '그라운딩'이라는 기술도 마음 챙김과 비슷해요. 그라운딩은 지금 이 순간 여러분의 몸과 마음을 연결할 방법을 찾아 준답니다.

십 대 시절에는, 지금 일어나는 일에 주의를 기울이는 방식으로 그라운딩 기술을 활용할 수 있습니다. 그러면 자칫 놓칠 수도 있는 긍정적인 부분에 관심이 갈 가능성이 크지요. 훌륭한 운동 선수들은 종종 힘든 경기를 치르는 동안 현재의 순간에 몰입해 그라운딩 상태를 경험한다고 말합니다. 훌륭한 작가나 과학자들도 비슷한 경험을 들려줍니다. 지금 하고 있는 일에 몰입하면 다른 것들은 모두 잊어버린다고 말이지요. 바로 '삼매경'을 경험한 것인데, 이는 마음 챙김과 비슷하지만 주로 어려운 목표나 과제 한 가지에 집중한다는 점에서 차이가 있습니다.

마음 챙김은 그 순간 삼매경이나 그라운딩을 경험하도록 도울 뿐만 아니라 지금 이 순간이 힘들더라도 그 안에 교훈이 있음을 깨닫게 해 줍니다. 여러분이 처한 상황을 차분하게 마주하면, 과거의 실수에서 배움을 얻을 수 있어요. 과거의 실수에서 교훈을 얻으면 이후에는 더 나은 결정을 내리겠지요.

회복탄력성이 있는 사람들은 옳은 결정을 내릴 줄 압니다. 지금 이 순간 가진 것에 감사할 줄도 알지요. 마음 챙김은 현재에 집중하기 때문에, 스트레스 요인을 한꺼번에 처리하기보다 한 번에 하나씩 다뤄서 부담도 적어요. 이런 기술들은 모든 일에 감사하고 긍정적인 면에 집중하도록 돕는답니다.

마음 챙김 훈련하기

회복탄력성을 기르기 위해 현재에 몰입하는 방법은 아주 많습니다. 다음에 나오는 마음 챙김 기본 호흡법은 일상이나 취미 생활과 더불어 스트레스가 심할 때도 활용할 수 있습니다. 다양한 마음 챙김 방법을 시도해 보고 잘 맞는 것을 찾아보세요.

마음 챙김은 아무것도 판단하지 않는다는 점을 기억하세요. 두렵더라도 새로운 것에 마음을 열고 시도해 봐야 해요. 적당한 방법을 찾을 때까지 자신을 너그럽게 대하세요. 마음 챙김은 짧은 시간 동안 마음을 차분히 가라앉히는 데도 좋지만 스트레스 받는 상황을 유연하게 헤쳐 나갈 장기적 해결책으로도 쓸모가 있어요. 또한 여러분이 회복탄력성을 잘 발휘할 수 있도록 도와준답니다.

기본 복식 호흡

첫 단계는 호흡입니다. 숨 쉬는 법은 이미 모두 알고 있을 거예요. 마음 챙김 호흡법은 여러분이 공기를 들이마시는 방식에 정신을 집중시키는 거예요. 그래서 삶의 속도를 조금 늦추고 과거나 미래가 아닌 현재 순간으로 쉽게 돌아오도록 만들죠. 이렇게 호흡하면 차분하고 편안한 느낌이 든답니다.

1. 한 손을 배 위에 올려놓고 다른 한 손은 가슴에 올려놓습니다. 몇 차례 평소처럼 호흡합니다. 가슴이 배보다 좀 더 많이 움직이는 느낌이 들 거예요.

2. 이제 좀 더 천천히, 깊게 호흡합니다. 호흡할 때 가슴이 움직이겠지만 배도 움직이려고 노력해 보세요. 아기와 강아지가 그런 식으로 배를 움직여서 호흡한답니다.

3. 천천히 10까지 세면서 호흡하는 동안 코와 입으로 들이마신 공기를 가슴을 통해 배로 보냅니다. 공기가 몸 안으로 들어왔다가 나가는 것을 느껴 봅니다.

4. 집중이 흐트러진다는 느낌이 들면(처음에는 그런 느낌이 들 가능성이 큽니다) 조심스럽게 다시 호흡에 집중합니다. '호흡하자'라고 속으로 반복해서 이야기하거나 호흡할 때마다 숫자를 세도 좋습니다. 중요한 것은 생각이 흐트러질 때마다 다시 호흡에 신경을 쏟아야 한다는 거예요. 호흡을 할 때 어떤 느낌인지 주목합니다. 근육의 긴장이 풀리기 시작하나요? 생각의 속도가 조금 늦춰졌나요? 걱정이 줄었나요?

5. 심호흡한 뒤 걱정이 더 심해졌다고 하더라도 자신을 너무 몰아붙이

2부. 마음과 감정 돌보는 방법

지 마세요. 걱정이 몸에 배었다면 흘려보내는 일이 낯설게 느껴질지도 모릅니다. 호흡법이 어렵게 느껴진다면 안전하고 조용한 장소로 가서 다시 한번 시도해 보세요. 아니면 신뢰하는 누군가에게 함께해 보자고 부탁해도 좋습니다.

6. 매일 30회 정도 기본 호흡법 훈련을 해 보세요. 어디서든 할 수 있지만 조용하고 차분한 장소가 호흡법 훈련을 시작하기에 좋습니다. 그렇게 훈련하다 보면 어떤 상황에서든 복식 호흡을 할 수 있을 거예요. 본인 외에는 아무도 눈치채지 못할 거고요!

이제 여러분은 기본 호흡법을 배웠습니다. 다른 마음 챙김 기술들을 여러분의 삶에 어떻게 적용할지 살펴볼 준비가 된 거죠. 호흡은 마음 챙김 훈련의 기본이에요. 이제 그 위로 다른 기술들을 찬찬히 쌓아 나가는 일에 초점을 맞춰야 합니다. 호흡에 집중한 뒤, 다른 기술들이 현재에 몰두하는 데 어떤 도움을 줄지 살펴봅시다.

마음 챙김을 훈련하는 일은 수도승이 된다는 뜻이 아니에요. 여러분이 일상에서 하는 많은 일 가운데서 현재의 순간에 몰입하는 데 도움을 준답니다. 그러니 이 모든 활동을 하는 중에도 호흡법을 기억하세요. 훈련하는 동안에도 힘든 감정을 느낄 수 있어요. 그건 정상적인 반응이에요. 그런 감정이 들도록 내버려 둔 채 현재에 집중하는 게 핵심입니다.

이 훈련에는 옳고 그른 방법이 없습니다. 여러분이 스트레스를 받을 때 이 기술을 활용할 수 있는지가 중요해요. 그렇게 되려면 마음 챙김 활동을 하는 게 일상이 되어야 합니다. 지금 이 순간에 몰두하는 데 도움이 되는 활동을 한두 가지 찾아보세요. 걷기, 만들기, 단순한 집안일, 먹기, 기도 등 여러분에게 효과가 있다면 어떤 일이라도 좋아요. 그런 활동 중 한 가지를 매일 해 보세요. 단 몇 분간이라도 괜찮습니다. 지금부터 구체적인 활동에 대해 살펴봅시다.

마음 챙김 일상 활동

여러분이 매일 하는 활동을 마음 챙김 훈련에 활용할 수 있다는 사실을 알고 있나요? 그렇게 되면 여러분은 특별한 마음 챙김 훈련 습관을 만들기 위해 일상의 일부를 포기하지 않아도 됩니다.

♥ 마음 챙김 걷기

학교나 친구네 집에 걸어갈 때, 발걸음 하나하나에 집중해 보세요. 발이 땅바닥에 닿는 순간에 주목합니다. 자세에 주의를 기울입니다. 등이 반듯하게 펴졌나요, 아니면 구부정한가요? 주변에서 들리는 소리에 귀를 기울이고 얼굴에 닿는 공기의 느낌에 집중합니다. 나뭇잎이 바스락대는 소리가 들리나요? 여러분의 살갗에 닿는 햇볕이 따갑나요? 생각이 이리저리 흩어지면 다시 현재로 돌아옵니다. 땅바닥의 감촉과 주변의 풍경과 소리를 온전히 느낍니다.

♥ 마음 챙김 집안일

설거지나 빨래같이 단순하고 반복되는 집안일을 할 때 딴생각을 하지 않는 거예요. 지금 하는 작업, 눈에 보이는 것, 소리, 냄새, 질감 등 주변 환경에 주의를 기울입니다. 모든 감각을 동원해 봅니다. 설거지하는 중이라면 따뜻한 물이 손에 닿는 감촉과 폭신한 수세미를 느낍니다. 세탁하는 중이라면 어떤 옷감들이 더 부드럽고 독특한 질감을 가졌는지 살펴봅니다. 세제의 향, 눈에 보이는 것들, 주변 소리에 주의를 기울입니다. 세탁기의 차가운 금속 재질을 만질 수도 있고요. 집안일이 끝난 뒤 해야 할 일을 생각하는 데신 '지금 비로 이 순간, 내가 하는 일은 이거야!'라고 되뇝니다. 차분히 호흡하면서 여러분이 지금 하는 일에 몰두합니다.

이 훈련은 어떤 활동을 하고 있든지 적용할 수 있어요. 실제로 여러분이 좋아하는 일에 집중할 때도 활용할 수 있답니다.

마음 챙김 취미 활동

여가를 활용해 마음 챙김 훈련을 하는 두 가지 방법을 소개할게요. 이미 즐기고 있는 일을 훈련에 이용한다면 마음 챙김은 습관이 될 거예요.

♥ 마음 챙김 미술

다양한 방법으로 그림을 그려 보세요. 무엇을 그릴지 정했으면 손의 움직임에 집중해 봅니다. 여러분의 생각이 손을 통해 종이 위에서 어떻게 그려지는지 잘 살펴봅니다. 여러분이 고르는 색깔에 집중하고, 차분히 호흡하면서 이 순간의 즐거움을 느껴 보세요. 지난 일이 떠오르거나 미래가 걱정된다면, 다시 손과 그림에 사용하는 색과 호흡에 관심을 돌립니다.

♥ **마음 챙김 노래**

좋아하는 노래를 부를 때, 가사에 집중해 보세요. 자신이 느끼는 감정에 초점을 맞춥니다. 얼굴 근육이 어떻게 움직이는지에도 관심을 가져 보세요. 웃고 있나요? 박자에 맞춰 몸이 움직이나요? 지금 이 순간을 즐기세요. 음악에 푹 빠지는 거예요.

이 활동은 좋아하는 어떤 일에나 적용할 수 있어요.

마음 챙김 식사

먹고 마시기는 누구나 쉽게 매일 할 수 있습니다. 이런 식사 시간에 마음 챙김 훈련을 해 보는 건 어떨까요?

♥ **마음 챙김 식사**

식사 시간에 무엇에도 방해받지 않도록 주변 환경을 정리합니다. 전자 기기를 치우고 음악도 끕니다. 식사를 시작하기 전에 잠시 이

음식의 재료들이 어디서 왔는지 생각해 보세요. 쌀과 채소가 자라는 논과 밭을 떠올려 봅니다. 식자재를 가공 공장으로 배달하는 차량 운전사와 이들의 여정을 생각해 봅니다. 우리 식탁에 음식의 형태로 오르기 전까지 거쳤을 수많은 손길을 떠올려 봅니다. 이 순간을 만들어 준 모든 분께 잠시 감사하는 시간을 가집니다. 식사하는 동안에는 음식의 맛에 집중합니다. 짠맛이 나나요? 달콤한가요? 맛이 입안에 오래 남나요? 음식을 빨리 씹어 삼키나요? 아니면 천천히 음미하나요? 식사하면서 호흡을 차분하게 유지하며 음식과 식사 경험에 집중합니다. 사과나 오렌지, 우유 한 잔 같은 아주 간단한 간식을 먹을 때도 마음 챙김을 훈련해 보세요. 마음 챙김 간식도 여러분의 일상이 될 거예요.

♥ **마음 챙김 물 마시기**

물을 마실 때, 입과 혀가 어떻게 반응하는지 관심을 가져 보세요. 물이 입안으로 들어올 때 느껴지는 온도에 주의를 기울입니다. 물을 삼킬 때, 식도로 천천히 흘러 넘어가는 것을 느끼며 몸의 감각에 집중합니다. 물 한 모금을 마실 때도 몸의 각 부분이 힘을 합쳐 일한다는 깨달음은 매우 놀라운 경험이지요.

먹고 마시기 같은 일상적인 활동에서부터 여러분이 좋

2부. 마음과 감정 돌보는 방법

아하는 다양한 활동까지 마음 챙김을 적용할 수 있는 상황이 아주 많네요. 또 어떤 일에 마음 챙김을 활용해 볼 수 있을까요?

마음 챙김 명상

마음 챙김은 명상처럼 더 집중해야 할 때도 적용할 수 있어요. 그때야말로 마음 챙김 훈련이 도움이 되는지 확인해 볼 시간이랍니다!

♥ 마음 챙김 명상 혹은 기도

종교가 있는 집안에서 자랐다면 기도나 명상에 익숙할 거예요. 매일 특정한 시간을 정해 잠시 차분하게 호흡을 가다듬은 다음 감사할 일을 생각합니다. 여러분이 믿는 신에게 자신과 가족과 친구들을 축복해 주길 기도하세요. 이 순간 여러분과 함께하는 더 큰 존재를 느껴 보세요. 외부 힘이 여러분의 걱정을 가져가도록 놓아둡니다. 호흡과 생각에 유의하면서 지금 여기에 집중합니다.

♥ **마음 챙김 감사**

매일 같은 시간에 지금 이 순간 경험한 긍정적인 일을 감사하는 시간을 가집니다. 앉아서 쉬는 순간을 감사하는 것처럼 단순해도 괜찮아요. 빛나는 태양이나 아름답게 내린 눈에 감사해도 좋습니다. 사소하고 중요하지 않아 보이더라도 지금 일어나는 긍정적인 일을 잠시 시간을 내서 살펴보세요.

이런 활동은 회복탄력성을 기르는 데 튼튼한 기반이 됩니다. 스트레스를 해결하고 좌절에서 회복할 능력이 되어 주지요. 마음 챙김 훈련은 지금 이 순간의 긍정적인 경험을 깨닫도록 도와준답니다. 그래서 과거나 미래의 걱정으로 길을 잃더라도 다시 현재로 돌아올 수 있습니다.

자기 생각에서 한 걸음 물러나기

우리 생각은 감정에 자연스럽게 영향을 끼칩니다. 예를 들어 '그 팀에 들어가지 못했다니 믿을 수 없어'라고 생각한다면 슬프고 실망스러운 기분이 들 거예요. 만약 '오디션 결과가 좋지 않을 것 같은 예감이 들어'라고 생각한 다면 불안을 경험할 테지요. 그런 생각들은 우리를 힘든 감정으로 이끌기도 합니다. 다음에 소개할 기술에서 이런 문제를 더 다루겠지만, 마음 챙김 훈련은 고통스러운 생각과 감정을 새로운 관점으로 보도록 만들어 줘요. 감정에 얽매이지 않게 되죠. 그저 거리를 두고 바라보면서 흘러가도록 놓아둘 수 있게 된답니다.

초조하거나 화가 나면 마음 챙김 훈련을 통해 생각에서 한 걸음 물러나 보세요. 보통 우리를 가장 화나게 하는 생각은 과거나 미래에 관한 것입니다. 자기 생각에서 물러나는 기술은 걱정을 무시하는 것과 인정하는 것 중간 어딘가에 위치합니다. 걱정을 그대로 놓아두되, 여러분과 생각 사이에 작은 공간을 만들어 거리를 두는 것이지요.

다양한 시각화 방법은 이 기술을 훈련하는 데 도움이 되는데요. 몇 가지를 살펴볼게요.

생각 시각화 훈련하기

타이머를 맞추고 1~2분 간격으로 다음 시각화 훈련을 하면서 어떤 게 자신에게 맞는지 확인해 봅니다. 마음에 드는 방법을 찾았다면 일주일에 몇 번, 특히 화가 날 때 시도해 보세요. 이 기술을 훈련할 때는 몸에 집중해야 합니다. 바닥에 닿은 발바닥의 감각을 느껴 보세요. 앉아 있는 상태에 관심을 기울이고 호흡하면서 공기의 흐름을 느껴 보세요.

♥ **부드럽고 폭신한 구름 위에 있다고 상상하기**

여러분은 안전하고 편안하게 앉아 있습니다. 생각들은 옆으로 흘러가는 다른 구름과 함께 떠 있어요. 여러분은 생각과 분리되어 구름 위에 앉아 있고요. 여러분의 생각은 여러분이 아닌 셈이지요. 어떤 생각은 힘들어서 먹구름 위로 흘러갑니다. 또 다른 생각은 즐거워요. 그런 생각은 천천히 흘러갑니다. 차분히 호흡하면서 옆으로 하나둘 흘러가는 구름을 상상해 보세요. 힘든 생각에는 '먹구름'이라고 이름을 붙이고, 중립적이거나 긍정적인 생각에는 '새털구름'이라고 이름을 붙입니다. 뭐라 부르건 여러분이 다른 구름 위로 뛰어오를 일은 없어요. 그저 흘러가는 모습을 바라볼 뿐입니다.

♥ 긴 열차를 상상하기

아주 많은 객실이 연결된 기차입니다. 여러분의 생각은 승객이고요. 여러분은 생각을 태운 기차가 지나가는 모습을 지켜보고 있어요. 어떤 생각은 '힘겨움'이라는 이름이 붙은 객실 칸에, 어떤 생각은 '기쁨'이라는 객실 칸에 있습니다. 어떤 생각은 '해야 할 일'이나 '걱정'이라는 이름표를 달고 있겠지요. 이름이 붙지 않은 칸을 지나가는 생각도 있는데, 그래도 괜찮아요. 그렇게 지나가는 모습을 그저 지켜보는 연습을 하세요. 기차에 뛰어오를 필요가 없다는 것을 여러분도 아니까요.

♥ 수하물 수취대 앞에 있다고 상상하기

수많은 여행 가방이 지나갑니다. 모두 여러분의 생각으로 가득 차 있네요. 어떤 여행 가방은 크고 무겁습니다. 깔끔하고 세련된 여행 가방도 있지요. 굳이 여행 가방을 들어 올릴 필요는 없어요. 그저 발로 바닥을 딛고 서서 생각이 수하물 수취대 위에 실려 지나가는 모습을 지켜보면 됩니다.

♥ 아름답고 긴 강을 상상하기

생각이 강물 위를 흘러가는 모습을 지켜봅니다. 어떤 생각은 막 물 위로 떨어진 예쁜 나뭇잎 위에 앉았네요 나뭇잎에 앉은 생각들은 강 위를 흘러갑니다. 다른 생각은 커다란 나무토막 위에 내려앉았습니다. 가끔 이런 거대한 나무토막은 이곳저곳에 부딪치며 떠내려가다가 강가 흙 속으로 파고들려 하지만 결국은 물의 힘에 밀려 움직입니다. 꽃, 잔가지, 다양한 모양과 크기의 잎들이 강물을 타고 흘러갑니다. 모두 여러분의 생각을 싣고 있군요. 여러분은 강변에 앉아서 흘러가는 모든 것들을 지켜봅니다.

거리를 두고 자기 생각을 관찰하는 일은 쉽지 않지만, 불안이나 슬픔처럼 힘든 감정을 다루는 데 도움이 된답니다.

이와 더불어 다음에 소개할 몇몇 특별한 그라운딩 기술은 화가 나거나 걱정될 때 도움이 됩니다. 앞에서 말했듯이 그라운딩은 지금 이 순간 여러분의 신체와 주변에서 일어나는 것에 주의를 기울이도록 만들어요. 주의를 분산시키는 생각과 감정에서 벗어나세요. 마음 챙김이 몸과 감각에 어떻게 닻을 내리도록 도와주는지 살펴보세요. 지금 마주한 스트레스를 건강하게 다룰 방법을 배울 수 있답니다.

그라운딩 훈련하기

그라운딩은 현재의 순간에 집중하는 방법이에요. 특히 스트레스를 받을 때 유용하지요. 신체와 감각을 이용해 지금 일어나는 것에 주의를 기울입니다. 화가 나거나 속상하거나 불안할 때, 이렇게 해 보세요.

♥ **후각 사용하기**

좋아하는 향의 디퓨저나 초를 고른 다음 냄새를 맡아 봅니다. 방 안에 퍼진 향을 느껴 봅니다. 다른 생각이 든다면 가만히 지금 이 순간으로 주의를 돌리세요.

♥ **촉각 사용하기**

좋아하는 담요나 말랑한 공을 가지고 있다면 이용해 보세요. 물체를 손에 쥐고 감촉에 집중합니다. 거친가요? 부드러운가요? 차가운가요? 따뜻한가요? 촉각은 매우 강력한 마음 챙김 도구로 여러분이 무언가에 압도될 때 중심을 잡도록 도와줍니다.

♥ **미각 사용하기**

차가운 물이나 주스를 얼음과 함께 잔에 담습니다. 음료를 마실 때, 입안 감각에 집중합니다. 이런저런 생각이 든다면 몸이 어떤 시으로 느끼는지에 집중해 보세요. 혀가 어떻게 맛을 느끼는지 관심을 기울입니다. 중간중간 몇 차례 천천히 호흡하면서 음료를 마시는 지금 이 순간에 초점을 맞춥니다.

♥ 청각 사용하기

좋아하는 음악을 골라서 아무런 방해 없이 들어 보세요. 자리에 앉아서 다른 누구와 말하지 않고 멜로디를 듣습니다. 단 몇 분이라도 음악을 들으며 즐겨 보세요. 여러분을 괴롭히는 무언가가 생각난다면 3분 뒤 음악이 끝나면 생각하자고 자신에게 말해 봅니다. 자, 이제 다시 음악에 완전히 빠져들어 보세요.

♥ 시각 사용하기

좋아하는 예술 작품이나 그림 또는 창밖의 나무, 눈, 돌, 풀잎 등을 바라봅니다. 눈에 보이는 색과 모양에 주의를 기울입니다. 세세한 부분을 잘 살펴보세요. 그리고 눈을 들어 주변을 감싼 빛을 느껴 보세요. 밝은가요? 아니면 어두침침한가요? 그늘이 졌나요? 잠시 호흡을 하고 여러분 앞에 있는 것을 찬찬히 바라보세요.

·······마음 챙김 훈련을 시작한 로렌·······

앞서 우리는 로렌의 이야기를 했습니다. 로렌은 미래를 두고 걱정이 많아 잠을 잘 자지 못했고, 가족을 실망하게 하고 싶지 않았지요. 로렌은 다양한 마음 챙김 기술을 시험해 보기로 했고, 매일 짧게 산책하기로 마음먹었습니다.

산책하는 동안 로렌은 짬을 내서 나무가 어떤 색인지, 공원에서 산책하는 개들이 어떤 소리를 내는지 관찰했습니다. 처음에는 시간 낭비라는 생각이 들었지만, 하루에 10분 정도는 아무 것도 하지 않아도 괜찮다고 자신을 다독였어요. 몇 주 뒤, 로렌은 기분이 침착해짐을 느꼈어요. 두통은 여전했지만 전보다 훨씬 나아졌습니다. 미래가 걱정되기 시작하면 차가운 물로 세수하고 심호흡을 했죠. 현재에 집중하면서 로렌은 수면의 질도 좋아짐을 느꼈습니다.

마음 챙김이 여러분의 문제나 힘든 일을 사라지게 만들어 주지는 않아요. 하지만 머릿속으로 생각이 밀려들지 않도록 막아 줄 수는 있어요. 차분한 마음으로 지금 이 순간에 집중하도록 돕기 때문에 어려운 시험을 준비할 때 유용합니다. 또한 잠을 자려고 눕거나, 뒤숭숭한 마음을 가라앉히거나, 친구들과 즐거운 시간을 보낼 때처럼 다양한 상황에서 쓸 수 있습니다.

마음 챙김을 매일 훈련하면 회복탄력성을 기르는 데에도 도움이 됩니다. 힘든 감정을 조절하거나 스트레스를 효과적으로 다뤄야 할 때도 유용하지요. 마음 챙김은 인생의 긍정적인 부분에 감사하면서 지금 하는 일에 좀 더 집중하도록 도와주는 훌륭한 기술입니다.

감정적 내성 기르기

회복탄력성을 연구하는 이들은 스트레스로 느끼는 강렬한 감정을 다루는 능력에 주목하는데요. 보통 회복탄력성이 있는 사람들은 강렬한 감정을 경험하지 않기 때문에 항상 침착하리라고 생각합니다. 하지만 그건 사실이 아니에요. 회복탄력성이 있는 사람들은 자신이 느끼는 바를 정확하게 표현할 줄 알고 그 감정을 잘 다루기도 합니다. 이것을 두고 심리학자들은 '고통 감내' 수준이 아주 높다고 말해요. 즉, 힘든 감정과 고통을 잘 견뎌 내고 다시 회복할 수 있다는 뜻이지요. 다른 말로는 '감정적 내성'이라고 합니다.

감정적 내성
❶ 힘든 감정이나 고통을 견디는 능력.
❷ 스트레스를 받거나 힘든 시기를 겪는 동안 감정을 관리하는
데 필요한 기술.

이번 장에서 여러분은 감정적 내성에 관한 모든 것을 배울 겁니다. 먼저 강렬한 감정이 들 때 여러분이 지금까지 주변 사람들에게 어떤 이야기를 들어 왔는지 생각해 볼게요.

감정적 내성이 왜 중요할까요?

화가 났을 때, 친구나 가족이나 여러분을 걱정하는 다른 사람들에게서 아래와 같은 말을 들은 적이 있나요?

"울지 마. 괜찮을 거야."

"화내지 마, 최악의 상황은 아니잖아."

"할 수 있어. 걱정하지 마."

"과민 반응 하지 마."

"너무 집착하지 마."

"너무 심각하게 받아들이는 것 같다."

"강해져야 해."

아마 이런 말을 자주 들었을 겁니다. 어쩌면 혼잣말로 했을 수도 있고, 다른 사람에게 했을 수도 있겠지요. 우리는 강렬한 감정을 좋아하지 않는 문화에서 살고 있어요. 원하지 않는 감정은 가능한 빨리 털어 버리는 식으로 처리해 버리죠. 짧게 보면 그 편이 나아 보이기도 합니다. 실제로 한동안은 강한 감정을 누를 수 있어요. 하지만 길게 볼 때 이런 방식은 썩 효과적이지 않습니다. 스트레스 받는 상황과 감정을 외면하면 그것들은 더 강해져서 되돌아오기 때문이에요.

······ 친구 사귀기가 어려운 데이브 ······

고등학교 1학년인 데이브는 성실한 학생이지만 친구가 많지 않았습니다. 데이브는 낯선 사람들과 있으면 긴장했기 때문에 동아리에도 들어가지 않았습니다. 말실수를 할까 봐 불안했고, 다른 사람들이 자신을 따분하게 여기면 어쩌나 걱정했지요. 버스를 기다리거나 수업 시작 전, 주변에 다른 아이들이 있으면 데이브는 눈을 맞추지 못했습니다. 대개 핸드폰에 시선을 고정하고 게임을 했어요. 아이들은 데이브를 혼자 놔뒀습니다.

데이브는 사람들과 함께 있어서 불편함을 느낄 때 주의를 다른 곳으로 돌리려고 핸드폰을 이용했습니다. 이것은 단기적으로는 효과가 있어요. 여러분은 데이브의 사회적 불안감에 공감하나요? 만약 그렇다면, 주변 사람들의 이목만 끌지 않는다면 가장 심각한 불안감은 피할 수 있다는 태도에 공감했을 가능성이 큽니다. 하지만 이런 전략은 장기적으로 볼 때 데이브의 불안감을 오히려 증가시켜요. 왜 그러냐고요? 사람들과의 접촉을 피하면 피할수록, 사람들과 대화하는 건 더욱 힘들어지거든요. 낯선 사람들과 대화하는 연습을 하지 않으면 사람들과 어울리는 상황을 계속 피하겠지요. 이런 악순환은 오

2부. 마음과 감정 돌보는 방법

랫동안 계속될 수 있어요!

데이브도(여러분도) 그런 전략을 영원히 사용할 수는 없어요. 직장을 구한다면 또 새로운 사람들과 대화해야 할 상황을 마주하겠지요. 대학에 진학해 수업을 들을 때도 모르는 사람들과 소통해야 하고요. 장기적 관점에서 볼 때, 불안감을 극복하는 방법을 배우지 못하면 새로운 친구를 사귀거나 새로운 일을 시도하기 어려울 거예요. 문제를 피할수록 부정적인 패턴을 깨는 일은 더 어려워집니다.

회복탄력성이 있는 사람들은 강렬한 감정에 휩싸여도 괜찮다는 사실을 압니다. 그런 감정에 휘둘리지 않고 담담히 겪어 내는 방법을 알고 있지요. 그런데 안타깝게도 우리 문화에서는 감정을 아예 드러내지 않는 것과 강인함을 혼동하는 경향이 있습니다. 또 지나치게 감정을 억누르면 결국에는 감정에 휘둘리고 말지요. 약간 화난 감정을 표현하지 않으려고 애쓰다가 그 감정이 쌓여서 결국 분노를 폭발하는 식으로요. 스스로 조절하지 못하는 감정 폭발(울음을 터뜨리거나, 버럭 소리 지르거나, 겁에 질리는 등)은 부정적인 감정을 피하려다가 오히려 쌓인 결과예요. 조금씩 떨어지는 빗방울을 무시하다가 어느 순간 폭풍우에 휩쓸리는 상황과 비슷합니다.

회복탄력성이 있는 사람들은 감정을 밀어내지 않고 겪어 내는 법을 알고 있습니다. 꾸준한 훈련으로 감정 근육이 잘 발달해 있지요. 그 덕분에 강렬하고 힘든 감정을 견뎌 낼 줄 압니다. 고통을 이겨 내는 법을 익히면 스트레스를 받을 때 우울증이 발생할 가능성을 낮출 수 있죠. 또한 고통을 이겨 내는 수준이 높은 십 대들은 습관적으로 흡연할 가능성이 적다는 연구도 있습니다. 즉, 신체적으로 더 건강하게 자랄 수 있지요.

감정적 내성 기르기

감정적 내성은 이 책에서 소개하는 다른 기술들과 마찬가지로 배우고 훈련할 수 있습니다. '정서'는 좀 더 오래 계속되는 상태로 인간인 우리의 생물학적 기능 발달에 영향을 준답니다. 우리는 정서를 갖고 태어나요. 인간이 동굴에 살던 시대에서부터 경험한 기본 정서는 똑같습

2부. 마음과 감정 돌보는 방법

니다! 행복, 슬픔, 분노, 공포와 같은 기본 정서는 누구나 경험한다는 거예요. 그런 정서 상태일 때 우리의 뇌와 신체는 특정한 화학 물질과 호르몬을 분비합니다.

'감정'은 대개 잠깐 왔다 사라지는 단기간의 상태를 뜻합니다. 감정은 대부분 한 단어로 표현되며, 깊은 느낌 혹은 내면에서 경험하는 어떤 것을 묘사하는 데 사용됩니다. 감정적 내성을 기르는 첫 단계는 지금 이 순간의 감정을 확인하는 일입니다. 먼저 어떤 감정이 있는지 알아볼게요.

♥ 기쁨	♥ 거부감	♥ 만족감
♥ 절망	♥ 자부심	♥ 외로움
♥ 감사함	♥ 긴장감	♥ 열광
♥ 혼란	♥ 흥분	♥ 불안감
♥ 의욕적인	♥ 산만함	♥ 투지
♥ 실망감	♥ 짜증	♥ 좌절감

내 감정 알아차리기

좀 더 오래 지속되는 강렬한 정서를 받아들이는 방법은 그 순간의 감정을 확인하는 거예요. 먼저 매일 아침, 점심, 저녁에 알람이 울리도록 설정해 봅시다(단, 수업 시간 중에는 안 돼요). 알람 소리를 들으면 그때 어떤 감정을 갖고 있는지 최소 세 단어로 표현해 보세요. 핸드폰 메모장에 기록해 두거나 나에게 메시지를 보내거나 혼잣말을 해봐도 좋아요. 감정은 대개 한 단어라는 점을 기억하세요.

좋지 않은 감정을 바꾸려 애쓸 필요는 없어요. 그저 자신의 감정을 자주 확인하면 됩니다. 감정을 계속 기록해 두면 되돌아볼 수도 있고 어떤 패턴이 있는지 확인할 수 있거든요. 예를 들면, 첫 수업이 수학이라 아침에는 긴장할 수 있습니다. 그러다 저녁에는 농구 연습을 하러 가니 편안해질 수도 있겠지요.

일차 감정과 부차적 감정들

감정을 알아차리면, 그 감정들이 어떻게 다른지 관찰해 볼 수 있는데요. 처음 경험하는 것을 '일차 감정'이라고 부릅니다. 보통 슬픔, 행복, 공포, 분노 같은 기본적인 감정이지요. 여러분의 몸은 자연스럽게 그 감정에 반응합니다(울거나, 웃거나, 땀을 흘리거나, 심장 박동이 증가하는 식으로요). '부차적 감정'은 일차 감정에 대한 반응입니다. 예를 들면 슬프거나 우울하다는 사실에 부끄러움을 느낄 수도 있고, 무섭거나 불안하다는 사실에 짜증을 느낄 수도 있습니다. 여러분은 이미 슬프거나 무섭다는 (일차) 감정을 경험한 상태고요.

그런 감정을 느꼈다는 이유로 자신을 비난하면 일차 감정이 악화됩니다. 슬픈 감정을 외면하거나 도망치려고 하면 불안이나 분노 등의 고통스러운 감정도 느끼게 되지요.

여러 가지 부정적인 감정을 한꺼번에 느끼면 감정에 압도당할 수 있어요. 그럴 때 중심을 차지한 감정이 무엇인지 생각해 보면 도움이 됩니다. 이 작업은 양피의 껍질을 벗겨 내는 일과 비슷해요. '이 감정 뒤에 뭔가 있지 않을까?'라고 자신에게 질문해 보세요. 예를 들어 친구한테 화가 났어요. 그 화난 감정에 무엇이 있는지 들여다보면, 친구들이 모두 모인 자리에서 소외되어 상처받고 슬프다는 사실을 깨닫게 될 거예요. 부모님이 너무 엄격해서 좌절할 수도 있어요. 그 좌절감을 들여다보면, 친구와 항상 어울릴 수 없어서 게네들이 나를 싫어하면 어쩌나 걱정하고 있다는 것을 깨닫게 될 거예요.

양파 껍질 까듯 감정을 한 꺼풀씩 벗겨 내다 보면 모든 감정이 기본적이고 핵심적인 정서(행복, 슬픔, 분노, 공포 등)로 향한다는 사실을 발견할 거예요. 부차적 감정을 구별해 내는 일은 그런 감정 때문에 스트레스 받거나 괴로울 때 특히 도움이 됩니다. 부차적 감정들을 흘려보내면서 일차 감정을 인정하고 받아들이는 것은 힘든 시기를 벗어나게 하는 데 매우 유용한 기술입니다.

일차 감정과 부차적 감정 구별하기

스트레스 받는 상황에 놓이면 먼저 일차 감정과 부차적 감정들을 구별할 수 있는지 살펴봅니다. 일차 감정은 대개 단순해요. 몸의 감각으로 느껴지기도 하지요. 걱정되어서 심장이 방망이질 친다거나, 슬퍼서 목이 멘다거나, 화가 나서 평소보다 땀이 더 난다거나 하는 식입니다. 부차적 감정들은 자신을 판단하는 일과 관련 있는데, 이런 판단이 고통을 더하기도 해요. 힘든 감정을 겪는 상황이라면 자신에게 무슨 말을 하고 있는지, 어떤 느낌이 드는지 확인해 봅니다. 그런 다음 자신에게 부차적인 메시지를 보내고 있는지 살펴봅니다. 부차적인 감정들이 기분을 더 나쁘게 만드는지도 따져 보세요. 연습이 필요한 일이니 이런 식으로 구분해서 생각하는 게 잘 안되더라도 실망하지 마세요. 몇 가지 예를 들어 볼게요.

자신에게 보내는 메시지	일차 감정	자신에게 보내는 부차적 메시지	부차적 감정
시험을 보기 전에 공부를 더 해야 했어.	불안	공부를 더 하지 않다니 나는 정말 멍청해.	수치심
남자 친구랑 헤어져서 너무 속상해.	슬픔	다들 뒤에서 내 이야기를 하겠지.	난처함
선생님이 (하지도 않은) 커닝을 했다면서 나를 혼냈어.	분노	다른 아이들이라면 안 그랬다고 따졌을 텐데.	(자신을 향한) 실망감
연극에서 주인공을 맡다니 믿을 수 없어.	행복	나는 주인공 역할을 잘 해내지 못할 게 뻔해.	(자신에 대한) 회의감

고통스럽거나 괴로운 감정 역시 영원히 계속되지 않습니다. 앞에서 데이브가 불안함 때문에 친구를 피하던 모습에 관해 이야기했는데, 이제 데이브가 무엇을 깨달았는지 이야기해 볼게요.

········두려움을 극복한 데이브········

연습을 통해 데이브는 사람들과 함께 지내야 하는 상황에서 자

2부. 마음과 감정 돌보는 방법

신이 느끼는 일차 감정이 두려움과 불안이라는 사실을 깨달았습니다. 친구를 사귈 줄 모르기 때문에 자신을 시시하고 가치 없는 사람이라고 생각한다는 점을 알아차렸지요. 데이브는 버스를 기다릴 때 드는 불안감을 받아들이고 친구들을 피하지 않기로 마음먹었습니다. 한 주 동안 수업 시작 전에 핸드폰을 들여다보지 않기로 했죠. 대신 크게 심호흡하고 친구들의 눈을 마주 봤습니다. 데이브는 학교 밖에서 버스를 기다리기 시작할 때 불안감이 최고조에 다다른다는 사실을 확인했어요. 또 몇 분 지나면 불안 수준이 원래 상태로 돌아온다는 것도 알았지요.

3일이 지나자 같은 반 친구 한 명이 데이브에게 다가와서 "수학 선생님이 무슨 숙제 냈는지 좀 알려 줄래?" 하고 말을 걸었어요. 데이브는 강렬한 감정을 마주할 수 있게 되었고 불안한 상황에서 자신감 있게 행동하기 위해 계속해서 노력하기로 결심했습니다.

힘든 생각과 감정을 외면하지 않으면 주변에서 일어나는 일과 일차 감정에 집중할 수 있습니다. 또 불안한 생각과 감정은 우리 생각만큼 오래가지 않는다는 사실도 발견할 수 있죠.

힘든 생각과 감정을 피하다가 오히려 문제를 악화시킬

때가 많습니다. 생각과 감정은 문자 메시지와 비슷해서 받았다는 신호를 줄 때까지 알림을 보내거든요.

감정 살펴보기

'기술 03'에서 우리는 마음 챙김 훈련을 통해 강렬하고 힘든 감정을 다루는 법을 배웠습니다. 이제 마음 챙김과 함께 감정적 내성을 기르기 위한 몇 가지 방법을 소개해 볼게요.

♥ 자신의 감정과 약간 거리 두기

여러분과 감정 사이에 공간을 만들어 보세요. 부정적인 감정을 느끼면 그 감정이 컨베이어 벨트 위의 상자 안에 있다고 상상해 봅니다. 박스에는 여러분이 느끼는 감정의 정확한 이름이 붙어 있어요. 여러분은 컨베이어 벨트 옆에 서서 감정이 지나가는 것을 지켜봅니다. 굳이 감정을 바꾸려고 애쓰지 마세요. 그저 관찰하면 됩니다. 숫자를 세면서 각각의 박스가 시야에 얼마나 오래 머무는지 확인해 보세요. 박스가 시야에서 사라지면 감정도 사라지고 있다는 뜻

2부. 마음과 감정 돌보는 방법

입니다. 그 감정이 생각했던 것만큼 오래 지속되었는지 스스로 물어보세요.

♥ 강렬한 감정이 느껴지면 손 들기

좀 엉뚱하게 들릴지 모르지만, 감정이 영원히 지속될 것 같다는 생각이 드는 것은 실제로는 그렇지 않다는 사실을 증명해 줄 좋은 기회랍니다. 그러니 한번 시도해 보세요(혼자 있을 때 해 본다면 창피하지 않겠지요). 감정의 강도를 1~5의 숫자로 평가합니다. 1이 '조금 실망했다'라면 5는 '완전히 실망했다'입니다. 들어 올린 손을 감정의 강도가 수그러드는 정도에 따라 조금씩 낮추며 내려놓습니다.

감정을 적절하게 표현하기

여러분의 감정 근육을 발달시키고 감정적 내성을 강화하는 또 다른 방법은 강렬한 감정을 무시하거나 차곡차곡 쌓아 두다가 갑자기 울거나 고함치는 식으로 터뜨리지 않고 그때그때 적절하게 표현하는 법을 배우는 일입니다. 감정을 느끼기 위해서는 먼저 감정을 마음껏 표현할 수 있는 안전한 장소로 가야 해요. 간혹 우리는 감정을 느끼는 대신 감정에 무감각해지려고 애쓰기도 합니다. 상처받거나 다칠지도 모른다는 두려움 때문이죠. 혹은 감정을 꾹꾹 눌러 둘 수도 있어요. 아래와 같이 말하거나 생각해 본 적이 있나요?

'이건 그냥 잊는 편이 낫겠어.'

'내가 어떤 느낌인지 말하고 싶지 않아.'

'이 일로 슬퍼하지 않을 거야.'

'말할 가치도 없어.'

'아무도 나한테 관심 없을 텐데.'

'쟤한테 부정적인 말을 하면 날 싫어하게 될지도 몰라.'

만약 위와 같은 생각을 해 본 적이 있다면, 상처받기 쉬운 감정을 표현함으로써 어떤 이익을 얻었을지도 모릅니다. 부정적이고 힘든 감정을 느끼는 일은 지극히 정상일 뿐만 아니라 그런 감정을 적절하게 표현하고자 하는 것 역시 정상이에요. 감정을 표현하는 일은 상황을 더 악화시킨다는 뜻이 절대 아닙니다. 감사함을 모른다는 뜻도 아니랍니다. 힘들고 부정적인 감정들은 밖으로 표현하면 오히려 조금씩 힘을 잃어요.

감정 표현하기 기술

힘든 감정을 표현하는 일이 처음에는 두려울 수 있습니다. 하지만 여러분이 느끼는 감정에 이름을 붙여 입 밖으로 소리 내서 말하면, 그 감정은 실제로 힘을 잃습니다. 분노, 슬픔, 실망, 불안같이 매우 강렬한 감정을 겪을 때 참거나 감정 조절에 실패해서 폭발할 때까지 쌓아 두는 대신 이렇게 해 보세요. 먼저, 감정을 1~10의 숫자를 매겨 평가합니다. 그런 다음 아래 나오는 기술이 감정의 강도를 낮춰서 견딜 만한 상태가 되는 데 도움을 주는지 살펴보세요.

♥ **현재 느끼는 감정을 적어 보기**

예를 들면 '지금 나는 진짜 무력한 느낌이다'라고 적고 '하지만 이 느낌은 영원히 계속되지 않는다'라고 덧붙입니다. 이 문장을 10번 노트에 적거나 자신에게 문자로 보냅니다. 복사해서 붙여 넣는 빙

식은 사용하지 마세요. 여러분이 실제로 10번 적는 동안 감정이 누그러지는 과정을 살펴보는 게 중요해요. 문장을 읽을 때마다 감정을 같은 강도로 느끼는지 스스로 질문합니다.

♥ 거울을 바라보고 자신에게 말하기

그래요, 생뚱 맞은 느낌이 들 거예요. 하지만 여러분이 느끼는 감정을 말하는 것부터 시작하세요. 예를 들면 "아무도 관심을 보이지 않을까 봐 마음이 아프고 걱정돼"라고 말한 다음 "이 감정이 100% 확실해?"라고 스스로 물어봅니다. 천천히 심호흡하세요. 이 과정을 10번 반복하면서 그 감정을 계속 같은 강도로 느끼는지 살펴봅니다.

♥ 자신의 감정을 누군가에게 털어놓기

여러분이 사랑하고 신뢰하는 사람에게 "조언을 구하는 건 아니야. 그냥 표현하고 싶어서 그래. 나 정말 ○○○해"라고 솔직하게 표현해 보세요. 일주일에 최소 한 번 정도 이렇게 하면 감정적 내성 근육이 단련될 거예요. '기술 07'에서 사회 지원에 관해 더 자세히 설명할 예정인데요. 누구를 선택해야 할지 고민된다면 그 기술이 도움이 될 거예요.

회 복 탄 력 성 재 점 검

낡은 생각은 바꿀 필요가 있습니다. 감정을 이성으로 억누르거나 모른 척하는 일은 강인함이 아니에요. 누구나 강렬한 감정을 경험한답니다. 스트레스 받을 때도 강렬한 감정이 따르는데, 그것은 아주 정상적인 반응이에요. 회복탄력성이 있는 사람은 감정을 피하거나 감당 못 할 때까지 쌓아 두지 않고 있는 그대로 느낍니다.

강렬한 감정을 견뎌 낼 내성을 기르는 방법은 다양합니다. 일차 감정을 확인하고 스트레스를 더하는 부차적인 감정들을 흘러가게 두는 방법, 마음 챙김 훈련을 통해 힘든 감정이 실제로 얼마나 계속되는지 살펴보는 방법, 감정에 목소리를 줘서 종이나 거울이나 누군가에게 털어놓는 법 등이 있습니다.

감정적 내성을 기르기 위해서는 연습과 인내가 필요합니다. 시간이 지나면 강렬한 감정을 잘 다루고 힘든 시간을 견뎌 낼 능력이 생길 거예요. 그러다 보면 친구나 가족들에게 도움을 줄 수도 있게 되겠지요?

수치심을 이겨 내고 과거 경험에서 배우기

회복탄력성이 있는 사람들에게는 분명한 특징 한 가지가 있습니다. 좌절이나 방해를 변화와 성장의 기회로 삼는다는 점이에요. 여러분의 삶을 생각해 보세요. 삶에서 가끔 부딪히는 장애물은 누구의 잘못도 아닌 경우가 많습니다. 예를 들면 먼 곳으로 이사하는 바람에 새로운 학교에서 친구를 사귀어야 한다거나 학교에서 온라인 수업을 들어야 하는 일이 생길 수도 있죠.

어떤 방해물은 인생에 심각한 영향을 끼치기도 합니다. 부모님이 이혼해서 엄마와 아빠 두 집을 오가는 상황에 적응해야 할지도 모릅니다. 서로 대화하지 않으려는 부모님을 어떻게 대해야 할지 몰라 고민할 수도 있겠지요. 이런 상황에서 여러분의 잘못은 아무것도 없어요. 어른들의 결정이 여러분에게 영향을 끼쳤을 뿐인 데다 여러분의 의견을 말할 기회도 거의 없었을 테니까요.

그럼에도 불구하고 자신이 그런 상황에 원인을 제공했다고 느낄지도 모릅니다. 한 학기 내내 수학 공부나 숙제를 하지 않아서 엄청나게 나쁜 성적을 받은 경우처럼 말이에요. 어떤 친구에 관해 나쁜 이야기를 몇 번 했는데 그 때문에 함께 다니는 친구들이 상처받을 수도 있겠지요.

많은 사람이 뭔가 잘못했을 때 방어적인 태도를 취해요. 반면 회복탄력성이 있는 사람들은 이런 상황을 성장의 기회로 삼습니다. 이번 장에서는 스트레스나 실패를 불러들였을 때, 그 상황을 극복하는 법에 초점을 둡니다.

회복탄력성의 핵심은 좌절하거나 어려움이 생길 때 다음과 같은 생각으로 이어져야 한다는 것입니다.

'내가 손쓸 수 있었던 것은 무엇일까?'
'이 상황에서 나는 무엇을 배울 수 있을끼?'

'나 자신을 용서해야 할 부분은 무엇일까?'

이런 질문을 살펴볼 때 도움이 될 두 가지 단어가 있습니다. 바로 '수치심'과 '죄책감'입니다.

수치심
❶ 수치를 느끼는 마음.
❷ 거부되고, 조롱당하고, 다른 사람으로부터 존중받지 못한다는 고통스러운 정서.

심리학에서는 수치심을 한 인간으로서 자신을 나타내는 감정이라고 말해요. 누군가의 감정을 상하게 하거나 다른 사람의 물건을 가져갔을 때 자신을 나쁜 사람이라고 생각하면서 수치심을 느끼죠. 수치심을 경험하면 자신이 부족하고 자격 없는 인간이라는 느낌이 듭니다. '난 정말 끔찍한 인간이야. 이런 일을 당해도 싸!'라고 생각하는 식이지요.

죄책감은 수치심과 관련 있지만 몇 가지 중요한 차이가 있습니다.

죄책감

❶ 저지른 잘못에 대하여 책임을 느끼는 마음.

❷ 외부와 내부로부터 오는 보복에 대한 공포, 후회, 회한, 참회
　를 포함한 복합 정서.

　같은 상황에서 어떤 사람은 수치심을, 어떤 사람은 죄
책감을 경험해요. 죄책감으로 반응할 때는 상황을 어떻게
처리했는지에 초점을 둡니다. 수치심으로 반응할 때는 우
리의 특성, 즉 자신을 어떻게 인식하느냐에 초점을 두지
요. 너무 피곤한 나머지 대화가 필요한 친구에게 못된 말
을 한 경우를 예로 들어 볼게요. 이때 수치심을 느낀다면
친구를 지지해 주지 못한 자신을 정말 나쁜 사람이라고
생각할 거예요. 죄책감을 느낀다면 친구에게 사과하고 다
음에는 피곤하더라도 잘 들어 주겠다고 다짐합니다.

　심리학 관점에서 보면 대부분의 사람은 죄책감이 '조
절 가능'하므로 덜 부담스러운 감정이라고 여겨요. 수치
심과 달리 죄책감은 실제로 실수로부터 배우는 데 도움
이 됩니다. 비록 잘못을 후회한다고 해서 곤경에서 빠져
니올 길이 생기지는 않겠지만, 죄책감은 자신의 행동을

책임지는 데 도움이 된답니다. 특정한 상황에서 잘못된 행동을 해서 마음이 좋지 않다면, 그 일에서 배움을 얻고 다음에는 다른 선택을 할 수 있습니다.

반면 수치심을 느끼는 사람은 갑갑한 기분에 사로잡힙니다. 수치심을 느끼면 자신을 나쁜 사람이라고 생각하게 되거든요. 그러면 바뀌려는 마음이 들지 않겠지요! 옆의 표를 보면서 죄책감과 수치심이 어떻게 다른지 살펴보세요.

수치심을 느끼면 자신이 어떤 사람인지에 대해서만 생각하기 때문에 같은 실수를 반복할 가능성이 큽니다. 죄책감을 느낀다면 책임을 지고 행동을 바꿀 수 있지요. 이번 장에서는 수치심을 죄책감으로 바꾸는 방법을 익힐 거예요. 여러분이 무엇을 제어할 수 있는지 살펴보고, 과거의 실수에서 배우며 자신을 용서하는 법을 알아볼 거예요. 그러면 다른 사람들과 더욱 나은 관계를 맺고 자신을 존중하며 미래를 좀 더 긍정적으로 바라볼 수 있게 된답니다.

2부. 마음과 감정 돌보는 방법

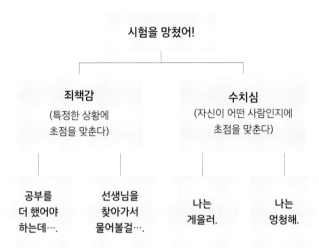

시험을 망쳤어!

죄책감
(특정한 상황에
초점을 맞춘다)

수치심
(자신이 어떤 사람인지에
초점을 맞춘다)

공부를
더 했어야
하는데….

선생님을
찾아가서
물어볼걸….

나는
게을러.

나는
멍청해.

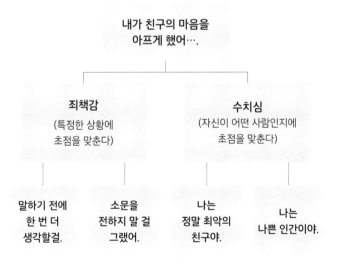

내가 친구의 마음을
아프게 했어….

죄책감
(특정한 상황에
초점을 맞춘다)

수치심
(자신이 어떤 사람인지에
초점을 맞춘다)

말하기 전에
한 번 더
생각할걸.

소문을
전하지 말 걸
그랬어.

나는
정말 최악의
친구야.

나는
나쁜 인간이야.

수치심을 느낄 때 주의할 점

부모님과 어른들을 비롯해 다른 사람들이 보내는 비난의 메시지에도 주의를 기울여야 합니다. 이 또한 여러분의 수치심에 영향을 끼치거든요. 주변 사람들이 여러분을 비난한다면, 특히 여러분이 바꿀 수 없는 것에 관해서라면 수치심을 떨쳐 내기가 매우 힘들어요. 그럴 경우 여러분이 느끼는 수치심은 편견과 낙인 찍기의 결과입니다. 여러분의 잘못 때문이 아니에요.

수치심에 관해 알아 둬야 할 사실들이 있습니다.

♥ 수치심은 성적 지향이나 성 정체성과 관련 있을 수 있습니다.

♥ 수치심은 인종, 민족성, 종교와 관련 있을 수 있습니다.

♥ 학대, 특히 성적 학대를 당한 사람은 수치심을 느낄 수 있습니다.

♥ 수치심은 몸무게나 그 밖의 다른 문제로 신체에 만족하지 못하는 심리와 관련 있을 수 있습니다.

♥ 수치심은 우울증을 비롯한 정신 건강상의 문제를 일으킬 위험을 높일 수 있습니다.

누구도 자신을 부끄러워해서는 안 됩니다. 이 말은 아무리 강조해도 지나치지 않아요. 성 정체성이나 성적 지향, 인종이나 민족성, 종교, 트라우마를 남긴 과거, 외모 때문에 열등감을 느껴야 하는 사람은 아무도 없습니다. 여러분이 차별, 폭력, 학대를 당한 경험을 이야기할 때 여러분을 비난하는 사람을 만날지도 모릅니다. 그럴 때 여러분이 고쳐야 할 것은 없습니다. 고쳐져야 하는 건 불친절한 말로 타인에게 열등감을 느끼게 하는 사람들과 바로 이 세상입니다.

수치심의 목적은 무엇일까요?

수치심처럼 힘든 감정을 왜 느껴야 하는지 궁금할 거예요. 그건 우리에게 고통스러운 감각 경험이 필요한 이유와 비슷한데요. 통증을 예로 들어 볼게요. 아주 뜨거운 것을 만지면 몸은 화학 물질을 내보내서 뇌에 고통받고 있다는 신호를 보냅니다. 통각이 온몸을 휩쓸면 뜨거운 물체에서 바로 손을 떼시요. 이린 반응은 신체의 피부 조직이 손상되지 않도록 막아 줍니다.

이와 비슷하게, 수치심도 마음과 몸에 강한 반응을 일으켜요. 이런 반응이 일어나는 이유는 여러분의 관계와 사회적 유대감을 보호하기 위해서입니다. 예를 들어 누군가의 점심을 훔쳤는데 그 사람이 배고파하는 모습을 본다면 여러분은 자신이 아주 몹쓸 사람이라는 생각에 수치심을 느낄 거예요. 만약 앞줄로 가기 위해서 누군가를 밀쳐서 넘어뜨렸다면 자신이 가해자가 되었다는 생각에 미안함과 수치심을 느끼겠지요.

진화적 관점에서 보면, 수치심은 서로 협력해서 집단이 잘 유지되도록 도와줍니다. 동굴에서 살던 수렵 채집인의 관점에서 생각해 보세요. 수치심이라는 감정 덕분에 공동체 구성원들은 서로 힘을 합쳐 일하며 생활할 수 있었어요. 수치심이 서로의 물건을 훔치거나 해치지 않도록 막아 주는 역할을 하기 때문입니다. 수치심의 유익한 부분이지요.

그렇다면 이러한 수치심의 단점으로 어떤 게 있을까요? 수치심의 문제는 감정을 일반화한다는 데 있습니다. 죄책감은 대개 상황에 관한 것이지만 수치심은 자신이 어떤 사람인가에 대한 것입니다. 수치심을 과하게 느끼면 그 기분에 억눌려서 더 나은 행동을 할 수 있으리라는 자신이 없어져요. 그래서 건강하지 못한 행동을 계속할 가능성도 큽니다. 바뀌기 위한 노력을 포기하면 자신의 경험에서 더는 배우지 못하게 되지요.

‥‥‥‥‥스스로 패배자가 된 브라이언‥‥‥‥

브라이언은 고등학교 1학년입니다. 최근 부모님이 이혼하면서 브라이언과 누나는 엄마를 따라 이사한 뒤 새로운 고등학교로 전학을 가야 했습니다. 브라이언은 농구팀에서 활동하면서 좋은 성적을 냈기 때문에 새 학교에 농구팀이 없다는 사실에 크게 실망했습니다. 시간이 갈수록 전 학교의 친구들과 선생님들이 그리웠지만 누구에게도 그런 마음을 털어놓지 못했습니다. 브라이언은 억지로 이사를 하게 되었다는 사실에 점점 화가 났습니다. 급기야 동네 가게에서 물건을 훔치기 시작했고, 시험 때 다른 학생의 답을 훔쳐 보기도 했습니다. 이런 일을 저지른 뒤 브라이언의 기분은 끔찍해졌습니다. 자신을 "패배자"라고 불렀고 다 소용없다며 자신을 비관했습니다. 그 말은 나아질 수도, 뭔가 바꿀 수도 없다는 뜻이었지요.

브라이언의 이야기 속에서 우리는 수치심이 무엇인지 알 수 있습니다. 브라이언은 자신에게 패배자라는 꼬리표를 붙였습니다. 물론 브라이언이 물건을 훔치고 시험에서 커닝한 일은 옳지 않아요. 하지만 자신을 패배자라고 부르는 행동은 자신에게 아무런 도움도 주지 못해요. 오히려 건강하지 못한 행동을 반복하게 하죠. 이 때문에 수치심을 죄책감으로 바꾸는 일이 중요합니다. 예를 들어 브라이언이 '내가 한 일 때문에 마음이 너무 안 좋아. 나는 원래 이런 사람이 아니야'라고 스스로 말했다면 다르게 행동할 방법을 알아낼 수 있었을 거예요. 누군가에게 자신의 기분이 어떤지, 다른 농구팀에서 뛸 수 있을지 이야기해 봐야겠다는 생각도 했겠지요.

죄책감은 상황과 관련 있는 감정이어서 이를 느끼면 자신을 나쁜 사람이라고 판단하지 않습니다. 옳지 않은 일을 했다고 깨달을 뿐이지요. 죄책감은 무엇을 바꾸고 무엇을 더 잘해야 할지 궁리하게 만들어요. 수치심처럼 여러분이 어떤 사람인지 규정하지 않습니다.

브라이언의 예로 돌아가 봅시다. 가게에서 물건을 훔치고 커닝을 했다고 자신을 비난하는 대신 그 일에서 교훈을 얻는다면 어떨까요? 브라이언은 동네 가게에서 과자를 훔치다가 결국 붙잡혔습니다. 처음 저지른 범죄 행위였기 때문에, 가게 주인은 브라이언의 엄마에게만 전화를 했지요. 브라이언은 물건을 훔치고 시험에서 커닝했다는 사실을 엄마에게 솔직히 털어놓았습니다. 이사 온 뒤로 마음이 안 좋았다는 이야기도 했습니다. 학교에 농구팀이 없어서 실망스럽다는 점에서 브라이언과 엄마는 공감대를 형성했습니다. 엄마는 현재 상황을 완전히 바꿀 수는 없지만, 일주일에 두 번 브라이언을 전에 살던 동네에 데려가서 친구들과 농구할 수 있게끔 해 주기로 약속했습니다.

몇 달 뒤 브라이언은 새 학교에서 친구들을 사귀었습니다. 예전 친구들이 그리운 마음은 여전했지만 새 친구들과 어울릴 수 있어 나름대로 행복했습니다. 또 도둑질과 커닝했던 일에 대해 수치심을 느끼는 대신 죄책감을 느끼고 자신의 행동에 책임을 지려 노력했습니다. 브라이언은 엄마에게 "저는 새 환경에 잘 적응하지 못했어요. 그게 얼마나 힘든지 깨닫지 못했던 것 같아요. 다시는 이런 일을 반복하지 않을게요"라고 말했습니다.

죄책감은 상황을 다루는 방법과 관련 있는 반면, 수치심은 자신을 판단하는 일과 관련 있다는 점을 기억하세요. 수치심과 죄책감에 관련된 생각을 분리하는 데 도움이 될 예를 들어 볼게요.

수치심의 예	죄책감의 예
나는 실패자야.	그러지 말아야 했는데.
나는 멍청해.	그렇게 말하지 말걸 그랬어.
나는 못됐어.	더 잘할 방법을 찾아봐야겠어.
나는 게을러.	그런 행동을 해서 마음이 안 좋아.
나는 친구들만큼 잘하지 못할 거야.	이렇게 될 걸 생각해야 했는데.

수치심을 이해하기

자신에게 실망하거나 화날 때가 있습니다. 그건 정상이지요. 시험을 잘 못 봤거나, 동생에게 못되게 굴었거나, 친구의 생일을 잊어버렸을 수도 있습니다. 자신에게 나쁜 감정이 생길 때, 그 순간의 느낌을 적어 보세요. 자신에게 말하고 있는 것들을 기록해 보는 겁니다. '나는 정말 나쁜 친구야'라거나 '내가 다 망쳤어'라는 식으로요. 그

2부. 마음과 감정 돌보는 방법

런 다음, 그 감정이 수치심인지 죄책감인지 살펴봅시다. 아래의 질문을 사용하면 도움이 될 거예요.

1. 내가 특정한 상황에서 한 행동이나 말 때문에 기분이 안 좋은가요?

   ☑ 네 □ 아니오

   → 그렇다면 그 감정은 죄책감입니다.

2. 나는 대체로 나쁜 사람이라는 느낌이 드나요? ☑ 네 □ 아니오

   → 그렇다면 그 감정은 수치심입니다.

3. 나는 바뀔 수 없다는 느낌이 드나요? ☑ 네 □ 아니오

   → 그렇다면 그 감정은 수치심입니다.

지금 단계에서 수치심을 바꾸려 할 필요는 없어요. 그저 여러분이 느끼는 바가 무엇인지 알기만 하면 됩니다. 이것은 여러분이 몸 어디에서 감정을 느끼는지 알아차리는 데 도움이 됩니다. 많은 사람이 수치심을 배, 가슴, 뺨에서 느끼는데요. 얼굴이 달아오르는 느낌이 들거나, 다른 사람과 눈을 마주치기 힘들거나, 가슴 또는 배 속이 꽉

조이는 느낌이 드는 식이지요. 모두가 각자의 방식으로 수치심을 드러냅니다. 첫 단계는 수치심과 관련된 생각과 몸의 감각을 확인하는 거예요.

수치심을 죄책감으로 바꾸기

누구나 수치심을 느끼는 순간이 있습니다. 앞서 말했듯, 그건 나쁜 것이 아니에요. 수치심은 우리가 다른 사람들에게 어떤 영향을 미칠지 생각하게 합니다. 다만 수치심에 갇혀서는 안 된다는 것입니다. 그러면 같은 실수를 계속 되풀이하게 됩니다. 주변 사람들에게 또 피해를 주고 다시 자신을 탓하게 되겠지요. 실수에서 배울 가능성도 사라집니다. 교훈을 얻지 못하면 회복탄력성을 발휘하지도 못하겠지요.

우리는 몇 단계를 거쳐 수치심을 죄책감으로 바꿀 수 있어요. 우리의 감정이 수치심인지 죄책감인지 잘 파악하는 일이 시작입니다. 자기 감정이 무엇인지 모른다면 그것을 바꿀 수도 없어요. 수치심은 교활합니다. 우리가 예상하지 못하는 순간 몰래 파고들거든요. 그러니 수치심이 언제 우리에게 파고드는지 알아야 합니다.

이 과정에서 중요한 것은 좌절감을 조절하는 거예요. 가끔 우리는 삶이 이끄는 대로 끌려갑니다. 과거에서 무언가 배우기 위해 시간을 들이지 않지요. 이 과정에서 회복탄력성이 중요한 역할을 합니다. 회복탄력성이 있는 사람들이라고 좌절감을 덜 느끼는 것은 아니에요. 다만 그들은 좌절한 상황을 성찰과 성장의 기회로 삼습니다.

내 행동 돌아보기

지난 몇 주 혹은 몇 달 간의 생활을 돌아보세요. 그동안 좌절했던 경험을 떠올려 봅니다. 원하는 성적을 못 받았거나, 친구나 부모님 또는 여자친구나 남자친구와 싸웠을 수도 있습니다. 무엇 때문에 그런 상황에 이르렀는지 생각해 보면서 여러분이 바꿀 수 있는 부분은 무엇이었을지 살펴보세요. 0부터 100까지의 기준을 사용합니다.

0	50	100
내가 할 수 있는 일은 없었어.	내가 해 볼 만한 일이 약간 있었어.	이 일은 온전히 내 선택이었어.

해 볼 만한 일이 거의 없었던 상황이라면, 무엇을 더 할 수 있었을까 고민하면서 시간을 보낼 필요가 없습니다. 이런 경우에는 문제를 통제할 수 있는 사람들(부모님이나 선생님)에게 도움이 필요하다고 털어놓아야겠지요.

조금이라도 스스로 조절할 수 있다고 느낀다면, 바로 그 지점에서 앞으로 무엇을 할지 생각해 볼 수 있습니다. 아래의 질문에 대한 답을 노트나 핸드폰 메모장에 적어 보세요.

♥ 앞으로 다르게 해 볼 한 가지는 _____다.

♥ 이 상황에서 내가 배운 것은 _____다.

♥ 다시는 저지르지 말아야 할 실수는 _____다.

이 질문에 답할 때, 그게 자신이 바꿀 수 있는 부분인지를 확인해야 합니다. 다른 사람의 행동이나 반응을 통

2부. 마음과 감정 돌보는 방법

제할 수는 없어요. 여러분은 자신이 직접 조치를 취할 수 있는 긍정적이고 구체적인 방법에 집중해야 합니다.

친구가 여러분에 대해 나쁜 말을 하고 다닌다는 소문을 들었다고 가정해 보세요. 여러분은 상처받아서 다른 사람들에게 그 친구에 대해 나쁜 말을 하기 시작합니다. 이제 친구 무리에 불화가 생깁니다. 이때 '이 상황에서 내가 배운 것은 친구를 믿으면 안 된다는 사실이다'라고 적는 것은 도움이 되지 않아요. 그보다는 '앞으로 다르게 해 볼 한 가지는 친구들이 나에 대해 말하고 다닌다는 소문을 듣는 순간 그 친구들에게 가서 직접 대화하겠다'라고 답하는 편이 훨씬 구체적이고 효과적입니다. 이 방법은 다음번에 해야 할 구체적인 행동 지침을 자신에게 주는 거예요. 회복탄력성을 키우는 좋은 방법이지요.

수치심을 확인하고 좌절감에서 배워야 할 것을 찾아냈다면, 이제는 수치심을 죄책감으로 바꿀 차례입니다. 이 단계는 큰 문제가 생겼을 때, 즉 별로 자랑스럽지 않은 일을 했을 때 유용한데요. 누군가가 괴롭힘을 당하고 있거나 자신이 괴롭힘에 직접 가담했을 때, 누군가에게 신뢰를 잃었을 때를 예로 들 수 있습니나. 자신을 솔직하게 바라보는 일은 쉽지 않아요. 이 일을 해 볼 용기를 냈다면, 아주 많은 것을 배울 수 있을 거예요.

여러분은 혼자가 아니라는 점을 기억하세요. 누구나 후회되는 말이나 행동을 한답니다. 그 때문에 기분이 좋지 않겠지만, 자신이 저지른 실수를 책임지는 일은 무엇보다 가장 중요합니다.

실패를 인정하기

자랑스럽지 못한 행동을 했을 때를 떠올려 보세요. 그 일로 여러분은 수치심을 느낄 수도 있습니다. 누군가의 기분을 상하게 하거나, 잘못이라는 것을 뻔히 알면서 저지른 행동일 수도 있습니다. 잠시 호흡을 가다듬고, 어떤 감정인지 느껴 봅니다. 눈을 감고 숫자를 열까지 세어 봐도 좋아요. 불쾌한 감정이 느껴져도 괜찮아요. 그런 감정을 바꾸는 방법을 배우는 중이라는 것을 기억하세요. 이렇게 하면서 여러분은 자신이 한 행동에 책임을 느끼고 앞으로 어떻게 하면 좋을지 계획을 세울 수 있습니다. 아래에서 자신에게 효과적인 방법을 찾아보세요.

♥ 같은 상황을 다시 겪는다면 무엇을 다르게 할지 적어 보기

누구에게 무슨 말을 어떤 식으로 다르게 할지, 행동은 어떻게 할지 등을 세세하게 적습니다. 최대한 구체적으로 써야 합니다.

♥ 믿을 만한 친구나 어른과 대화하기

여러분이 실제와 달리 무엇을 해야 했을지 털어놓습니다. 친구나 어른의 생각은 어떤지 물어보고 그 의견에 비추어 자신이 어떻게 행동하면 좋을지 생각해 보세요.

♥ 상처를 준 상대방에게 사과하고 이야기하기

기억하세요. 수치심은 우리가 더 나은 관계를 맺도록 돕는 감정입니다. 상대방에게 여러분의 미안한 감정을 털어놓고 앞으로는 다른 식으로 행동하겠다고 이야기하세요. 비슷한 상황이 발생하면 어떻게 행동할 생각인지 말하는 거예요. 가능한 한 구체적이어야 합니다. 이런 식으로 수치심을 죄책감으로 바꿀 수 있습니다. 죄책감은 훨씬 다루기 쉬운 감정입니다.

꽤 어려운 과정을 해냈으니 이제 자신을 어떻게 용서해야 할지 궁금할 거예요. 회복탄력성이 있는 사람도 실수합니다. 다만 그 순간에 갇히지 않고 빠져나오는 방법을 알고 있을 뿐입니다. 자신을 용서하는 방법을 배우지 못하면, 실수를 할 때마다 자신을 탓하게 됩니다. 그런 일이 계속되면 같은 실수를 반복할 가능성도 커지죠.

더 잘해야 했다고 곱씹으면서 자신에게 관대한 마음을 품기란 쉽지 않아요. 마음속 깊숙이 뿌리내린 수치심을 흘려보내고 싶지 않을 때도 있습니다. 수치심이 더 나은 사람이 되도록 도와주기는 하지만, 대개는 수치심 때문에 마음만 상한답니다.

자신을 용서하는 방법

잘못을 저지른 뒤에 자신을 용서하지 못해 힘들다면 아래의 문장을 핸드폰 메모장이나 노트에 적어 놓습니다. 상상력을 발휘해서 자신의 필요에 맞도록 문장을 수정해 보세요. 여러분이 수치심을 느낄 가능성이 큰 상황을 적고, 만약 친구가 여러분처럼 대처한다면 그 친구에게 어떻게 말해 줄지 생각해 보는 것도 좋은 방법이에요. 예를 들면 이런 식이지요.

- ♥ 수치심은 나를 꼼짝 못 하게 가두고 더 나은 사람이 되지 못하도록 방해한다.
- ♥ 나 자신을 용서하는 일은 궁지에서 벗어나려는 것과 다르다.
- ♥ 나는 실수에서 배울 수 있는 사람이다.

　여러분을 괴롭히는 사건이 있다면 거기서 얻을 수 있는 교훈이 무엇일지 곰곰이 생각한 뒤 그냥 흘려보내세요. 실수에서 배우고 행동을 바꾸면 친구나 가족과 더 나은 관계를 맺는 데 도움이 되고 기분도 훨씬 나아집니다. 또 스트레스 받아 힘든 시간을 겪을 때도 변화하고 성장하도록 도움을 주지요. 중요한 것은 상황 속에서 배우는 것이지, 죄책감을 완전히 벗어 던지는 게 아님을 깨닫는 일입니다. 힘든 사건에서 교훈을 찾고 (수치심을 느껴) 자신을 가혹한 잣대를 세워 비난하지 않는 데 도움이 될 만한 방법을 아래에 소개해 볼게요.

♥ 기록하고 잊어버리기

펜과 종이 두 장을 준비합니다. 종이 한 장에는 사건에 대해서, 다른 한 장에는 그 사건 속에서 내가 더 잘했으면 하는 것을 적습니다. 사건을 적은 종이를 찢어 버리고, 더 잘했으면 하는 것을 적은 종이는 보관합니다.

♥ 심상 유도법 사용하기

예술적으로 표현하는 일에 관심 있다면 사진을 찍거나 그림을 그려서 앞으로 어려운 일이 생기면 어떻게 행동할지 표현해 봅시다. 예를 들어 경청하는 법을 익히고 싶다면 바람이 부는 곳에 서 있는 나무 사진을 찍거나 그림을 그리는 거예요. 나무가 자연(바람)에 어떻게 적응하는지 상징적인 이미지(심상)로 표현하는 방법이지요. 굳건히 서서 버티는 나무는 여러분의 모습을 상징합니다.

♥ 용서를 은유적으로 표현해 보기

머릿속으로 수치심을 벗고 안도하는 모습과 자신을 용서하는 장면을 은유적으로 상상해 봅니다. 짊어지고 있던 무거운 배낭을 내려놓고 홀가분한 기분으로 편안하게 숨을 쉬는 모습을 상상할 수 있겠지요. 해초와 조개껍질과 어지럽게 난 발자국으로 지저분한 해변을 떠올린 다음, 파도가 밀려와서 모든 것을 씻어 내 매끈해진 모습을 상상해 보는 거예요. 과거에서 배운 교훈을 잘 기억하고 새로

시작할 수 있다는 사실을 잊지 마세요.

수치심과 트라우마에 관한 특별한 조언

이 기술은 여러분이 부분적으로나마 조절 가능한 수치심에 초점을 둡니다. 돌이켜 보면 다른 식으로 대처할 수 있었겠다고 느끼는 일에 관해서지요. 매우 힘든 일을 겪었다면, 즉 학대나 폭력 범죄를 지속적으로 당한 피해자라면 수치심을 경험할 가능성이 있습니다. 때때로 이런 종류의 트라우마를 겪은 생존자들은 자신이 망가졌다거나 가치 없는 존재라고 믿는데, 이는 수치심과 매우 밀접하게 연결되어 있습니다. 이런 수치심은 우리가 죄책감으로 바꿀 필요가 없어요. 그 사건에서 여러분이 잘못한 것은 아무것도 없기 때문이에요.

누구도 학대나 괴롭힘이나 범죄 피해자가 되어서는 안 됩니다. 그런 일은 여러분의 잘못 때문에 생긴 일이 결코 아니에요. 이런 사건을 겪은 뒤 수치심으로 고통받고 있다면 도움을 구해야 합니다. 이어실 '기술 06'에서는 불안과 우울증을 전문적으로 치료하는 방법을 다루며, '기술 07'에서는 좋은 지원 체계를 갖추는 방법을 이야기합니다. 이런 기술들은 만약 여러분이 트라우마와 관련된 수치심에 고통받고 있다면 특히 도움이 될 거예요. 여러분을 돕고 싶어 하고, 도울 힘을 가진 사람들은 많답니다.

누구나 실수를 저지릅니다. 중요한 것은 실수에서 배우고 성장하는 것입니다. 우리는 타인이 자신을 규정하도록 내버려 두지 말아야 합니다. 수치심을 느낄 때, 우리는 자신이 저지른 잘못을 너무나도 가혹하게 평가하는 경향이 있어요. 그런 식으로 자신의 행동을 평가하면 수치심을 느끼게 됩니다. 반면 죄책감은 특정 상황과 관련된 감정입니다. 죄책감을 느낄 때, 자신의 잘못에 대한 책임을 져야 한다는 사실에는 변함이 없지만 앞으로는 다르게 대처할 방법을 궁리하게 됩니다. 이것은 중요한 회복탄력성 기술입니다.

우리는 수치심을 느낄 때 그 감정을 알아차리고 죄책감으로 바꿀 수 있습니다. 수치심을 느꼈을 때 하는 말을 상황에 따라 구분해서 죄책감을 느낄 때 하는 말로 대체한 다음, 조치를 취해야 할 부분을 책임진 뒤 과거의 자신을 용서합니다.

죄책감 역시 그리 유쾌한 감정은 아니지만, 과거의 경험을 바탕으로 변화하고 성장할 수 있다는 점에서 수치심보다 훨씬 유용합니다. 십 대에 배운 이런 기술은 앞으로 자신의 실수를 완전히 다른 관점으로 바라보게 해 줄 거예요.

우울과 불안 다스리기

걱정이나 우울한 감정이 드는 것은 지극히 정상입니다. 누구나 화날 때가 있어요. 성적 때문에 혹은 사랑하는 사이나 가족 관계에서도 긴장감을 느끼거나 패배감을 맛볼 수도 있죠. 때로는 과거나 불확실한 미래 때문에 걱정할 수도 있습니다.

이런 감정을 느끼는 것은 여러분이 인간이라는 증거입니다. 누구나 경험하는 감정이라는 뜻이지요. 그런데 주변을 둘러보면 힘든 감정에 휘둘리지 않고 잘 대처하는 사람도 있어요. 회복탄력성이 있는 사람들도 감정을 느낍니다. 아주 다양하게 느끼지요. 힘든 감정을 다루는 법과 주위에 도움을 구하는 법을 잘 알고 있기 때문이에요. 이번 장에서는 우울하고 불안할 때 회복탄력성을 높일 기술을 살펴봅니다. 여러분은 가벼운 수준에서 중간 정도 수준에 이르는 불안을 다루는 법을 배울 겁니다. 그리고 더 전문적인 도움이 필요하다고 생각될 때 사용할 수 있는 몇 가지 방법을 알려 줄 거예요.

첫 번째 단계는 일반적인 감정을 잘 이해하는 것입니다. 감정은 보통 세 가지 부분으로 이뤄졌습니다.

♥ 우리가 생각하는 것(생각)

♥ 우리가 느끼는 것(느낌)

♥ 우리 몸에서 일어나는 것(신체 감각)

이 세 가지는 전부 연결되어 있어서 서로 영향을 끼칩니다. 생각, 느낌, 신체 감각이 어떤 식으로 불안하고 우울한 경험과 관련되어 있는지 살펴보세요.

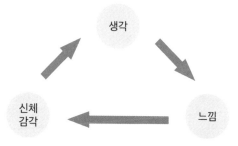

불안 이해하기

불안은 매우 기본적인 감정입니다. 그런 관점에서 보자면 불안은 생존을 도와요. 도로를 건널 때 우리는 좌우를 살핍니다. 도로에 발을 디뎠는데 차가 달려오는 소리를 듣는다면 생각할 틈도 없이 보도 위로 올라설 거예요. 불안이 엄습하면 심장이 빠르게 뛰고 손에 땀이 나며 동공이 커집니다. 그 때문에 스스로 알아채기도 전에 몸을 안전한 곳으로 움직이는 것이지요. 불안은 실제로 위험 예측을 도와주지만 항상 불안한 느낌에 시달리고 그런 감정에 압도된다면 문제가 발생합니다. 생각이 복잡해지거나, 편안한 환경에서도 두려움을 느끼거나, 일상에서 벌

2부. 마음과 감정 돌보는 방법

어지는 일을 지나치게 걱정하게 되죠.

불안한 감정을 알아차리고 말로 표현하는 방법은 도움이 됩니다. 감정은 대개 한 단어로 우리의 경험을 함축하는데요. 사람들은 불안할 때 이렇게 말합니다.

"걱정돼."

"스트레스 받아."

"긴장돼."

"겁이 나."

"불안해."

이런 느낌이 들 때 우리 생각은 불안한 상태를 반영합니다. 불안하면 다음과 같이 생각할 수 있습니다.

'뭔가 나쁜 일이 벌어질 거야.'

'이렇게 하려니 겁이 나.'

'앞으로 벌어질 일을 감당 못 하겠어.'

'숨을 못 쉴 것 같아.'

'사람들의 웃음거리가 되고 말 거야.'

동시에 우리 몸은 이런 불안감에 다양한 방식으로 반응합니다.

- ♥ 심장이 빨리 뛴다.
- ♥ 어지럽다.
- ♥ 땀이 흐른다.
- ♥ 배가 아프다.
- ♥ 덜덜 떨린다.
- ♥ 호흡 곤란이 온다.

여러분의 생각, 느낌, 신체 감각은 서로에게서 정보를 얻습니다. 이것은 정보가 순환한다는 의미예요. 예를 들어 차분한 느낌이 든다면 '기분이 괜찮네'라고 생각할 가능성이 큽니다. 그러면 얼굴 근육도 편안해지겠지요. 만약 복부를 꽉 조이고 호흡이 가빠지기 시작하면 긴장되는 느낌이 들 테니, "기분이 좋지 않은걸"이라고 말하겠지요. 생각, 느낌, 신체 감각 중 한 가지만 바뀌어도 다른 부분도 함께 바뀝니다.

슬픔과 우울 이해하기

누구나 슬픈 감정을 경험합니다. 하루하루 실망이 쌓이면 슬퍼져요. 짝사랑하는 상대가 나를 좋아하지 않는다는 걸 알았을 때 그렇겠지요. 또는 친한 친구가 멀리 이사 갈 때처럼 좀 더 큰 사건을 겪어서 슬플 수도 있어요. 이처럼 우리가 슬픈 감정을 느끼는 까닭은 인간이 사회적인 동물이어서 그래요. 우리는 친구와 가족과 유대 관계 속에 살아갑니다. 또 인간은 뭔가 성취했을 때 행복과 기쁨을 느끼기도 하지요. 희망하거나 기대하던 바가 이루어지지 않을 때 우리가 느끼는 다양한 감정 중 한 가지가 슬픔입니다. 몇몇 연구는 슬픔이 마음에 들지 않는 상황을 바꾸게 하는 원동력이라는 사실을 밝혀냈어요. 이런 점에서 슬픔은 인간에게 무척 자연스럽고 도움이 되는 감정입니다.

반면 우울은 슬프고 절망적인 느낌이 오래 지속되는 상태입니다. 우울할 때 우리는 식습관과 수면 습관에 문제를 겪고 인생을 즐기는 데 어려움을 겪기도 하죠.

감정은 서로에게 영향을 수는 생각, 느낌, 신체 감가으로 구성되었다는 사실을 기억할 거예요. 느낌에 관해 말하자면, 사람들은 슬픔을 경험할 때 이렇게 묘사합니다.

- ♥ 기운 없는
- ♥ 가슴이 미어지는
- ♥ 우울한
- ♥ 비관적인
- ♥ 불행한
- ♥ 비참한

슬플 때는 이런 생각을 합니다.

'기분이 엉망이야.'

'아무것도 좋아지지 않을 거야.'

'나는 혼자야.'

'상처받았어.'

'못하겠어.'

'완전히 지쳤어.'

이런 신체 감각이 나타날 수도 있어요.

- ♥ 운다.
- ♥ 머리가 아프다.

♥ 피곤하다.　　　♥ 배가 아프다.

　혹시 우울증이나 불안을 겪고 있다면, 여러분은 혼자가 아니라는 점을 기억하세요. 청소년의 12%가 우울한 증상이 12주 이상 계속되는 심각한 우울증을 겪었다고 해요. 또한 청소년의 약 32%가 공황 발작과 특정한 대상(특정 공포증)이나 사회적 상황을 두려워하는 불안 장애를 겪었습니다.

　많은 청소년이 이런 문제를 겪지만, 대부분 자기만의 일상을 잘 유지합니다. 그들은 어떻게 이런 문제를 이겨냈을까요? 바로 이 문제를 성장의 기회로 삼았기 때문입니다.

자기 돌봄을 위한 정신 건강

정신 건강을 유지하는 것은 노력해서 될 일이 아니라고 생각하기 쉬운데 전혀 사실이 아니에요. 이렇게 생각해 보세요. 신체를 건강하게 유시하기 위해서는 균형 잡힌 식사를 하고 운동을 해야 합니다. 그러지 않으면 나이가 들면서 비만, 심장 질환, 관절염, 당뇨병 등 여러 문제를 겪을 위험이 크지요.

정신 건강도 마찬가지입니다. 회복탄력성이 있는 사람들은 자신의 정신 건강에 관심을 기울입니다. 심한 우울과 불안을 치료하지 않으면 스트레스를 받는 상황에 대처하기가 더욱더 힘들어요. 잘 먹고, 충분히 자고, 친구를 만나고, 자신의 행동을 돌아보고, 일기를 쓰는 등 자신을 꾸준히 돌보는 사람들은 힘든 시기에도 회복이 빠릅니다. 또 주위에 도움을 구하는 일도 두려워하지 않죠.

일반적으로, 슬픔과 불안을 어느 정도 경험하는 일은 아주 정상입니다. 누구나 때때로 불행하기도 하고 걱정에 사로잡히기도 해요. 하지만 이런 감정들이 극도로 격렬한 상태로 몇 주 또는 그 이상 계속될 때는 문제가 됩니다. 단 여러분이 슬픔과 불안을 경험하고 있지만 행복하고, 기쁘고, 신나고, 사랑하고, 열정적인 감정 또한 느낀다면 너무나도 정상적인 상태랍니다.

강하고 부정적인 감정이 종일 여러분을 지배한다면 상담이나 치료 같은 다른 도움을 구해야 해요. 다음에 소개하는 기술은 가벼운 수준에서 중간 정도 수준의 슬픔이나 불안감에 대처하는 데 도움이 됩니다. 더 전문적인 지침이 필요한지를 결정하는 데도 도움이 될 거예요.

지금 내 기분은?

불안이나 슬픔을 어느 정도 느끼는 것이 '정상'인지 궁금할 거예요. 절대적인 규칙은 없지만 하루에 몇 번 자신의 기분을 확인하는 방법이 있습니다. 가장 쉬운 방법으로 하루에 세 번, 핸드폰에 알람을 설정해 두면 좋습니다. 1~2분 정도 짬을 내서 자신에게 메시지를 보내거나 메모할 수 있을 만한 시간대를 고르세요. 핸드폰 알람이 울리면 어떤 감정을 느끼는지 확인한 뒤 기록합니다.

1. 지금 느끼는 감정

_____

2. 지금 드는 몇 가지 생각

_____

뭔가 강렬한 느낌이 든다면 놓치지 말고 기록하세요. 더하기 기호(+)를 덧붙여서 감정의 강도를 표시할 수도 있어요. 예를 들면 '+슬픔'은 '매우 슬프다'를 의미하고 '+실망'은 '깊이 실망했다'는 뜻이 되겠지요. 이런 식으로 4~5일간 빼놓지 말고 기록해 봅니다.

며칠 뒤에 자신이 기록한 내용을 살펴봅니다. 최소한 절반 정도가 행복, 신남, 차분함 같은 긍정적인 감정인가요? 혹은 강렬한 감정을 자주 경험했나요? 대부분 부정적이고 강렬한 감정을 느끼고 있다면 이번 장 마지막에 나오는 '내 상태 진단하기' 부분을 참고하세요.

자신의 감정을 확인하면 이 감정을 어떤 식으로 다뤄야 할지 결정할 수 있습니다. 슬픔이나 불안을 느끼는 수준이 가볍거나 중간 정도라면, 기분을 나아지게 할 몇 가지 방법을 시험해 보세요.

기분을 바꾸는 가장 쉬운 방법은 생각을 바꾸는 것입니다. 이 기술은 여러분의 일상생활에 영향을 끼치지 않는 가벼운 불안이나 슬픔을 다루기 좋아요. 학교 수업에 집중하고 친구를 사귀고 즐겁게 어울리는 데 문제가 없지만 가끔 걱정되고 우울하다면 이 기술이 아주 유용할 거예요.

예를 들면, 앤은 친구가 많지 않아서 걱정입니다. 가끔 '다들 나보다 인기가 많아. 나는 친구 집에 한 번도 초대받지 못할 거야'라고 생각했습니다. 그럴 때 앤은 그 생각이 100% 진실이 아니라는 점을 떠올렸습니다. '나에게는 몇 안 되지만 가까운 친구들이 있고, 그 친구들은 뭘하든 항상 나를 끼워 줘. 누구나 때때로 소외감을 느껴'라고 긍정적인 생각을 했습니다. 상황을 다르게 생각하자 불안이 줄어들어 앤은 친구들과 더 즐겁게 지낼 수 있었습니다. 상대방이 자신을 어떻게 판단할지에 대한 걱정이 줄었기 때문에 앤은 친구들과 대화할 때도 남의 시선을 덜 의식하게 되었습니다.

생각 바꾸기와 보상

자신의 생각과 행동을 바꾸면 가벼운 불안과 슬픔을 다루는 데 도움이 됩니다. 슬프거나 걱정될 때 다음 기술을 활용해 생각을 다르게 해 보세요. 그런 다음 감정이 평소보다 훨씬 빨리 지나가는지 지켜보세요.

♥ **감정은 변한다는 사실을 떠올리기**

'현재는' 또는 '지금 당장은' 같은 말을 생각에 덧붙입니다. 예를 들면 "너무 걱정돼"라는 말을 "지금 당장은 너무 걱정돼"로 바꾸는 거죠. 이렇게 하면 지금 느끼는 감정이 영원히 계속되지 않는다는 사실을 깨닫는 데 도움이 됩니다.

♥ **감정과 거리 두기**

힘든 감정을 겪는 중이라면 천천히 심호흡합니다. 그런 다음 힘든 생각에 "그리고 나는 호흡하고 있어"라는 말을 덧붙입니다. 예를 들면 "정말 실망스러워, 그리고 나는 호흡하고 있어"처럼 말이지요. '그리고'라는 단어는 여러분이 한 번에 한 가지 이상의 느낌이나 감각을 경험한다는 사실을 일깨워 줍니다. 호흡은 감정에 따른 신체 반응을 바꾸는 데도 도움이 됩니다.

♥ **자신의 힘을 믿기**

불안이나 슬픔처럼 힘든 감정을 겪을 때, 비슷한 상황을 잘 이겨
낸 경험을 떠올려 보세요. 예를 들면 '지난번에 슬펐을 때 언니한
테 전화를 했는데 도움이 되었지' 또는 '지난번에도 이렇게 걱정했
는데 어느새 잠들었어'라는 식으로요. 이렇게 하면 상황을 헤쳐 나
가는 데 필요한 기술이 자신에게 있다고 깨닫게 됩니다.

♥ **부정적인 추측에 맞서기**

어떤 상황에서 최악을 가정하는 방향으로 생각이 흐른다면 그렇
지 않았던 때를 기억합니다. 예를 들어 '지난번에 모두가 내 이야기
를 한다고 생각하고 있었는데, 몇몇 친구가 나를 걱정해 주면서 괜
찮냐고 물었어'라는 식으로 말입니다. 최악의 상황이 벌어질지도
모른다는 가정에 늘 그렇지는 않다고 이의를 제기하는 거예요.

또 다른 유용한 기술은 가벼운 우울감이나 불안을 극
복하는 데 도움이 될 만한 보상을 활용하는 거예요. 만약
어떤 상황을 피하고 싶다면 자신과 약속하는 거죠. 그 상
황에 정면으로 맞서면 나에게 작은 선물을 하겠다고 말
이에요. 몇 가지 예를 들어 볼까요? 만약 선생님에게 도
움을 구하는 일 때문에 걱정된다면, 이 두려움에 맞서면

시간을 내서 친구랑 더 놀겠다고 자신과 약속하는 거예요. 또 최근 달리기 기록이 마음에 들지 않아 우울하다면, 경기가 끝나고 긴장을 풀어 주는 목욕 시간을 가져 보는 거예요. 기록이 나아지지 않더라도 말이지요. 기분을 나아지게 하고 의욕을 북돋우기 위해서 결과와 상관없이 자신의 노력에 보상해도 좋습니다. 노력한 것만으로도 보상을 받기 충분하니까요!

자신의 생각을 찬찬히 들여다보고 보상을 통해 동기를 부여하는 일은 가벼운 우울이나 걱정을 다루는 데 효과적입니다. 또 감정이 자연스럽게 지나갈 때까지 거리를 둔 채 기다리는 방법도 도움이 된답니다. 기분을 전환하는 일과 그저 흘러가도록 두는 일 사이에는 중심을 잡아 주는 균형추가 있어요. 이 방법이 어떤 식으로 효과를 발휘하는지 젠의 이야기에서 살펴보세요.

· · · · · · ·자신의 감정과 거리 두기 한 젠· · · · · · ·

젠은 고등학교 2학년으로, 유명 대학에 입학해 장학금을 받고 엄마처럼 변호사가 되길 꿈꾸고 있습니다. 모범생인데다 여러

동아리에서 열심히 활동하고 있었지만 자신을 지나치게 밀어붙이고 있었지요. 그러던 도중 글쓰기 대회에 나가서 상을 받지 못하자 젠은 엄청나게 실망했습니다. 또 학생회 선거에 출마해서 학생회장이 되고 싶었지만 총무가 되고 말았죠.

그렇지만 젠은 이런 일들을 당연한 것으로 받아들일 줄 알았습니다. "여러 가지 일을 하면서 전부 제대로 해내긴 힘들지"라고 말할 줄도 알았습니다. 이런 식으로 생각의 관점을 바꾸면 대개 효과가 있었습니다. 하지만 가끔 미래 때문에 걱정하거나 우울감에 빠졌습니다. 어느 순간 젠은 자신이 너무 높은 기준을 가지고 있기 때문에 걱정하거나 속상한 기분에 사로잡힌다는 사실을 깨달았습니다.

젠이 힘든 시간을 헤쳐 나가는 데 도움이 된 것은 자신의 느낌을 판단하지 않고 그대로 느끼는 일이었습니다. 수영을 좋아하는 젠은 해수욕장의 인명 구조원 자리에 앉아서 스트레스나 실망감이 파도처럼 해변에 밀려와 부서지는 모습을 그저 바라보는 상상을 했습니다. 그렇게 감정이 희미해지면서 사라지는 모습을 그저 지켜봤지요.

젠이 감정과 거리를 두고 흘러가도록 두는 기술을 자신의 걱정을 다루는 데 사용한 것처럼 여러분도 생각을 바꾸기 어렵다고 느낄 때 감정을 시각화하는 방법을 사용하면 좋습니다. 감정에서 멀어지면 덜 고통스럽게 느껴지거든요. 다음 훈련을 통해 이 접근법을 다양하게 활용해 보세요.

감정을 시각화하기

슬프거나 불안할 때 아래 기술을 따라 해 보세요. 감정에 시공간적 요소를 부여하는 방법입니다.

♥ 생각 스크롤하기

눈을 감고 생각과 느낌을 소셜 미디어 게시물처럼 그려 봅니다. 화면을 밀어 올리며 자신의 생각과 느낌을 본다고 상상하는 거예요. 이제 다음 게시물로 넘어가듯 다른 생각으로 넘어가 스크롤합니다. 원래 게시물로 돌아가고 싶다면 그렇게 해도 좋습니다. 생각이나 느낌이 화면 위로 올라가는 동안 읽어 봐도 괜찮습니다. 내용에 흥미가 사라지고 생각이 자연스럽게 넘어갈 때까지 원하는 대로 훑어 보세요.

♥ 생각이 흘러가도록 놓아두기

버스 운전사가 되어 봅시다. 운전석에 앉아서 정면을 바라보면 생각과 느낌이 광고판처럼 흐르듯 지나가는 장면이 보입니다. 버스가 속도를 줄이거나 멈추면 느껴지는 감정의 강도가 세집니다. 버스가 다시 속도를 올리면 다른 생각과 감정을 경험하겠지요?

♥ 생각들을 어우러지게 하기

힘든 감정을 정원에서 자라는 민들레라고 생각합니다. 그런 감정은 마치 원치 않는 잡초처럼 느껴질 수 있어요. 하지만 몇 걸음 뒤로 물러서서 먼발치에서 정원을 바라보면 민들레꽃은 다른 꽃과 식물들 사이로 섞입니다. 잔디와 잡초와 아름다운 꽃과 튼튼한 나무가 눈에 들어옵니다. 제각각 다른 감정들이 함께 어울려 아름다운 정원을 이룹니다. 민들레에 가까이 다가가서 자세히 들여다봐도 좋아요. 생김새며 감촉이며 냄새를 느껴 보세요. 원할 때면 언제든지 뒤로 물러나서 민들레꽃이 정원과 얼마나 잘 어우러지는지 확인할 수 있습니다.

가벼운 수준의 불안과 우울은 누구나 겪을 수 있어요. 하지만 여러분이 겪는 부정적 감정 수준이 높다면 시간이 흐르면서 점점 쌓이기 전에 도움을 받아야 합니다. 회복탄력성이 있다고 도움이 필요 없다는 뜻은 아니에요. 오히려 언제 도움을 요청해야 할지 안다는 뜻이지요. '기술 07'에서 사회적 지원에 대해 좀 더 이야기하겠지만 우울증이나 불안 장애는 부모님과 선생님의 도움을 받는 것이 가장 좋답니다.

내 상태 진단하기

우울증이나 불안증을 다루기 위해 전문적인 도움을 받아야 할지 판단하기란 쉽지 않습니다. 그러니 우선 지난달에 어떤 감정을 느꼈는지 생각해 보세요. 아래 문장 중 '그렇다'라고 체크한 항목이 있다면 신뢰하는 어른에게 자신의 상태를 이야기해야 합니다.

☐   잠드는 데 문제가 있거나 잠을 못 자서 깨어 있는 일이 일주일에 몇 번씩 있다.
☐   과식하거나 입맛이 없어서 괴롭다.
☐   많은 시간을 절망적인 기분에 빠져 있다.

□ 불안 때문에 특정한 일(새로운 사람 만나기, 과제 제출 기한 지키기, 집중하기 등)을 해내기 어렵다.

□ 아프지 않은데도 몹시 피곤하거나 기운이 없다.

□ 자신이나 다른 사람을 해치려는 생각을 한 적이 있다.

특히 마지막 문장에 체크했다면 즉시 도움을 구해야 합니다. 혼자 괴로워하지 마세요. 누구와 이야기해야 할지 모르겠다면 이 책 뒷부분의 '유용한 웹사이트' 목록에 있는 상담 서비스에 전화하세요.

위 문장들은 살아가면서 스스로 확인해야 하는 중요한 문제들입니다. 회복탄력성이 있는 사람들의 특징 한 가지는 신체 건강만큼이나 정신 건강에도 큰 관심을 기울인다는 거예요. 2주에 한 번 정도 시간을 내서 스스로 어떤 기분인지 살펴 보세요. 만약 도움이 필요한 상태라면 겁내지 말고 도움을 구하세요.

이런 문제를 신뢰하는 어른에게 어떻게 털어놓을지 고민이라면 아래 문장을 이용해 대화를 시작해 보는 것도 좋습니다.

SOS 보내기

"제가 최근에 _____(식이, 수면, 집중 등)에 문제가 있
다는 사실을 알았는데, 도움을 받고 싶어요."

"스트레스 때문에 제 _____(집중력, 공부, 아르바이트,
친구 관계, 수면 등)을 방해받을까 봐 걱정돼요. 혼자서는 감당하기
어렵겠다는 생각이 들어요. 조언을 좀 해 주세요."

"최근에 저는 정말 _____(걱정, 불안, 우울, 절망 등)이
심해졌어요. 도와주세요."

우울이나 불안으로 힘들다면 누군가에게 털어놓고 어
떤 도움을 받을 수 있는지 확인해야 합니다. 회복탄력성
이 있는 사람들은 힘든 시간을 혼자 견뎌 내지 않아요. 여
러분도 그래야 합니다.

살면서 부정적인 감정을 경험할 일이 아예 없다면 좋겠지만, 그 건 현실적으로 불가능합니다. 인생은 불안하거나 슬픈 상황으로 가득하지요. 걱정은 좌우를 살피지도 않고 도로를 건너는 일처 럼 말도 안 되는 일을 벌이지 않도록 도와줍니다. 우울은 사랑하 는 사람들과 유대감을 형성하도록 도와주지요. 우리가 곁에 없 는 사람들을 그리워하는 이유입니다. 하지만 그 감정이 오래 지 속된다면 도움을 받아야 합니다.

회복탄력성의 핵심은 우리의 정신 건강을 진지하게 생각하는 데 있습니다. 작은 문제를 혼자 이겨 내는 것도 중요하지만 필요할 때 용감하게 도움을 청할 줄도 알아야 합니다.

주변 세상을 이해하고 받아들이는 방법

삶의 목적과 의미를 찾는 방법

몸 돌보는 방법

회복탄력성

주변 세상을 이해하고 받아들이는 방법

마음과 감정 돌보는 방법

안전한 관계 만들기

인생이 힘들 때 혼자 견뎌 내기는 어렵습니다. 우리는 우울할 때 이야기를 나누고, 좌절감이나 걱정을 털어놓을 사람이 필요해요. 또 성공을 함께 축하하고 웃어 줄 사람도 필요하지요. 신뢰 있는 관계를 맺고 잘 유지하는 능력은 회복탄력성의 핵심 기술입니다. 안정적이고 서로 보살피는 관계를 형성하면 사회적 지원 체계를 갖추는 셈이 되지요.

사회적

❶ 사회에 관계되거나 사회성을 지닌 것.

❷ 개인의 행동 양식의 사회적 측면.

지원

❶ 지지하여 도움.

'사회적'과 '지원'이라는 두 단어는 함께 사용되면 필요할 때 우리를 지원해 주는 사람들을 가리킵니다. 사회적 지원은 우리가 힘든 시간을 보내는 동안 보호해 주거나 완화해 주는 역할을 해요. 여러 연구들은 불안하거나 우울할 때 사회적 지원을 통해 정신 건강을 회복할 수 있다고 말해 줍니다. 든든한 사회적 지원 체계를 갖춘 사람들은 나이가 들어서 심혈관계 질환에 걸릴 확률이 낮다는 보고도 있지요. 튼튼한 사회적 지원망은 여러분의 인생관을 변화시킬 뿐만 아니라 신체에도 긍정적인 효과를 미칩니다.

청소년기에는 여러 가지 어려움이 있습니다. 여러분이

겪는 어려움 중 하나는 도움을 요청해야 할 때와 스스로 해내야 할 때를 구분하는 일일 거예요. 예를 들면, 다가올 시험 때문에 긴장된다고 누군가에게 말해야 할까요? 대학 지원서를 쓸 때 부모님에게 의지해야 할까요? 이별을 겪고 마음을 추스르기 힘들 때 다른 누군가를 성가시게 해야 할까요?

어른들은 우리에게 독립적인 사람이 되어야 한다고 강조합니다. 하지만 회복탄력성이 있는 사람들도 의지할 수 있는 든든한 사회적 지원망을 갖추고 있다는 사실을 우리는 알고 있죠.

이번 장은 사회적 안전망을 발전시키는 데 도움이 됩니다. 별문제 없이 잘 지낼 때 튼튼한 유대 관계를 형성해 두면 스트레스 받는 시기에 도움을 얻을 수 있는 지원망이 갖춰져요. 그러기 위해서는 먼저 사회적 지원 형태에 관해 알아야 합니다. 모든 사람이 같은 방식으로 지지해 주지는 않기 때문입니다.

사회적 지원에는 어떤 종류가 있을까요?

♥ **정서 지원**

걱정되거나, 슬프거나, 짜증 나거나, 화날 때 필요한 지원 방식입니다. 스트레스 받을 때 잘 들어 주는 사람들에게 마음을 털어놓고 공감받는 지원 형태입니다.

♥ **도구 지원**

뭔가 해내야 할 때 필요한 지원 방식을 의미합니다. 예를 들어 다리를 다친 상태로 등교해야 할 때나, 아플 때 수학 필기 노트를 빌려줄 친구가 필요한 상황을 들 수 있겠네요.

♥ **정보 지원**

무언가를 알고 싶을 때 필요한 지원 방식입니다. 어떤 결정을 내려야 한다면 이해하기 쉽고 유용한 정보와 자료를 제공해 줄 사람을 찾아야 합니다. 이런 자료에는 책, 웹사이트, 소모임, 비슷한 일을 경험한 사람들도 포함됩니다.

♥ **우정 지원**

즐거움과 소속감을 나누는 친구들에게서 얻는 지지입니다.

우리는 상황마다 다른 사회적 지원을 필요로 합니다.

사람들과 어울리면서 즐기고 싶을 때가 있는가 하면, 내 이야기에 귀 기울여 주는 사람들과 함께하고 싶을 때도 있습니다. 사람들과의 관계에서 적당한 균형을 찾는 것이 핵심이지요.

···친구들에게 고민을 털어놓기 어려운 아니타···

아니타는 고등학교 1학년으로 치어리더와 댄싱팀에서 활발하게 활동 중입니다. 친구들은 유쾌해서 늘 즐거웠고, 아니타는 그들과 함께 쇼핑을 가거나 축구 경기나 영화를 보러 가기도 했습니다. 좋아하는 남자애 이야기나 싫어하는 선생님 이야기를 하기도 했죠. 아니타는 친구들 무리에 속했다는 느낌이 좋았습니다.

그러던 어느 날, 아니타는 부모님이 이혼하기로 결정했다는 이야기를 들었습니다. 아니타는 깊은 슬픔에 빠졌고 미래에 대해 불안한 느낌이 들었습니다. 그런 마음을 친구들에게 털어놓고 싶었지만 함께 다니는 친구들의 숫자가 너무 많았고, 그러다 보니 심각한 이야기를 할 기회가 거의 없었습니다. 아니타는 자신이 어떤 기분인지 말했다가 모임의 분위기를 망칠까 봐 걱정되었습니다. 이런 상황을 겪으며 자신의 사회적 지원망이 대부분 '우정 지원'에 치우쳤다는 사실을 깨달았지요. 아니타는 자신의 사회적 지원 체계를 바꾸거나 넓힐 방법을 찾아야겠다고 마음먹었습니다.

사회적 지원망을 튼튼하게 다지고 발전시키기 전에 자신의 주위에 누가 있는지, 자신에게 필요한 지원 체계는 무엇인지 살펴봐야 합니다. 한 가지 지원망에만 의존하는 것은 바람직하지 않아요.

사회적 지원 목록 작성하기

목록을 만들 때, 각 분야에 들어갈 사람 수에 너무 연연하지 마세요. 온전히 의지할 수 있다면 소수라도 충분합니다. 각각의 형태별로 여러분을 지원해 줄 수 있는 사람들이 몇 명인지 생각해 봅시다. 종이에 이름을 적어 보거나 아래의 그림처럼 원을 그린 뒤 적어 넣어도 좋아요. 이렇게 하다 보면 때로는 한 사람이 여러 가지 방식으로 여러분을 지원해 주기도 한다는 사실을 알게 됩니다. 다음의 예를 살펴보세요.

목록을 완성하면 아래의 질문에 답해 보세요.

♥ **각각의 원 안에 있는 사람으로 충분하다는 느낌이 드나요?**

부탁을 해야 한다면 '도구 지원' 동그라미 안에 있는 사람들로 충분

한가요? 신경 쓰이는 문제를 두고 이야기를 나누고 싶다면 '정서적

지원' 동그라미 안의 사람들로 충분한가요? 과거에 실망했던 경험

이 있거나 동그라미 속 사람들이 충분하지 않았다면, 그 그룹을 확

장할 방법을 이번 장에서 찾을 수 있습니다.

♥ **여러 동그라미 속에 공통으로 이름을 올린 사람들이 있나요?**

그렇다면 좋은 일입니다. 그 관계를 잘 유지하는 일 역시 중요하답니다. 이번 장에서는 지원 관계를 잘 돌보는 방법도 소개할 거예요.

♥ **나는 친구에게 어떤 지원을 해 줄 수 있나요?**

아끼는 사람들을 위해 할 수 있는 일을 늘려서 서로 도움이 되는 관계가 되었으면 하나요?

어떤 사회적 지원 분야를 확장해야 할지 살펴봤으니, 이제는 어떤 방법으로 확장하면 좋을지 알아볼게요. 조금 전 이야기한 아니타를 기억하나요? 아니타는 사회적 지원망을 확장했습니다. 친구들 여럿과 함께 어울려 다니면서 소속감을 느꼈죠. 하지만 부모님의 이혼을 겪으며 정서적 지원이 필요할 때 누구에게 의지해야 할지 몰랐습니다. 그래서 아니타는 다른 사람을 만나는 일뿐만 아니라 친한 친구들과의 관계도 깊어지도록 노력했어요. 단체 문자 메시지로만 대화를 나누기보다 친구 몇몇에게 따로 문자 메시지를 보내 이야기를 나눴지요. 또 아니타는 '우정 지원' 그룹의 일부가 정서 지원 측면에서도 도움을 줄 수 있다고 생각했습니다. 친구 두 명의 부모님이 이혼을 했다는 사실을 알고 있었고, 그런 면에서 공통점이 있다고 생각했지요. 또 친구 무리 중에서 말수가 적지만 긍정적이고 격려도 잘해 주는 한 친구를 발견했습니다. 아니타는 그 친구에게 따로 만날 수 있을지 문자 메시지를 보냈습니다. 더불어 아니타는 정신 건강과 스트레스 관리에 초점을 둔 학교 동아리에 들어갔습니다. 평소와는 다른 행동으로 자신의 '안전 지대'를 벗어나는 일이었지만 천천히 심호흡하고 적어도 한두 번은 참석해 보겠다고 스스로 약속했지요. 아니타는 자신에게 '너는 용감해, 할 수 있어!'라고 메시지를 적어 보내고 동아리 문을 처음 열고 들어갈 때 그 메시지를 다시 읽어 봤습니다.

아니타처럼 여러분도 사회적 지원 그룹을 넓힐 분야를 정하면 그다음에 무엇을 해야 할지 계획을 세울 수 있어요. 물론 새로운 일을 시도하는 게 두렵고 걱정될 수도 있지요. 하지만 여러분만 걱정하는 것이 아니에요.

'누군가에게 내 기분을 털어놨는데 관심을 안 보이면 어쩌지?'

'누군가에게 도와달라고 부탁했는데 아무 반응도 없으면 어쩌지?'

'새로운 것을 시도했는데 잘하지 못하면 어쩌지?'

지원 그룹을 넓히기 전에 이런 걱정을 없애기 위해 스스로 용기를 북돋우는 일은 중요해요. 새로운 것을 시작하는 일은 쉽지 않습니다. 새로운 사람을 만나고, 관계를 발전시키고, 새로운 활동을 시도하기에 앞서 용기를 북돋우는 말을 준비할 때 아래의 활동이 도움이 될 거예요.

스스로 격려하기

이 연습은 세 단계로 이뤄집니다. 핸드폰(혹은 타이머)과 기록할 수 있는 것이 필요합니다.

1. 타이머를 5분에 맞춥니다. 새로운 사람을 만난다거나, 이미 알고 지내는 사람들에게 감정을 드러내거나, 다른 사람들에게 정보나 도움을 구하거나, 새로운 활동에 도전하는 일 등을 할 때 주저하게 만드는 생각을 모두 적습니다. 문장으로 적어 보세요. 알람이 울릴 때까지 생각을 계속 적어 나갑니다.

예시: 그것도 모르냐며 사람들이 나를 비웃을 거야. 나는 동아리
활동을 할 만한 실력이 없어. 친구들은 내가 지나치게 감정적
이라고 생각할 거야.

2. 다시 타이머를 5분으로 설정합니다. 적어 둔 생각을 읽으면서 그것
이 '최악의 시나리오'인지 아니면 '현실성 있는 시나리오'인지 스스
로에게 물어보세요. 각 상황에서 '현실성 있는 결과'와 '최선의 결과'
를 적어 보세요.

예시: 그것도 모르냐며 사람들이 나를 비웃을 거야.

→ 최악의 시나리오: 그렇다.

→ 현실성 있는 결과: 사람들이 내 말에 귀 기울이고 친절하게 알
려 준다. 분명히 도움되는 부분이 있을 것이다.

→ 최선의 결과: 이야기를 하고 나면 기분이 훨씬 나아질 것이다.

3. 현실성 있는 결과와 최선의 결과를 살펴봤으니, 문장들을 자신에게
메시지로 보내거나 종이에 적습니다. 이 문장들은 사회적 지원 그룹
을 확장할 때 용기를 북돋워 줄 거예요.

어떤 그룹을 확장할지 생각해 봤습니다. 용기를 북돋울 말들도 적어 뒀지요. 이제 안전지대에서 벗어나야 할 때가 되었습니다. 용기를 낸 자신을 격려해 주세요. 든든한 사회적 지원 체계를 만드는 일은 자신을 위해 할 수 있는 가장 좋은 일입니다. 힘들 때는 물론이고 일상에서도 꾸준히 도움을 받을 수 있을 거예요. 즉, 여러분은 이제 혼자 고통받을 이유가 없습니다.

스트레스를 받을 때는 누구나 다른 사람의 도움이 필요해요. 다음으로 소개하는 방법은 여러분의 필요에 맞는 계획을 짜도록 도와줄 거예요. 자신만의 독특한 방식을 찾아 사회적 지원 그룹을 넓혀 보세요. 여기서 소개하는 방법은 한 가지 사이즈로 누구에게나 맞도록 만든 기성품이 아니랍니다. 자유롭게 시험해 보고 자신만의 아이디어를 덧붙여 보세요.

사회적 지원 그룹 확장하기

먼저 정서, 도구, 정보, 우정 중 어떤 지원 그룹을 넓히고 싶은지 확인하는 작업부터 시작합니다. 아래의 활동 중 자신에게 잘 맞는 것을 최소한 한 가지 이상 고른 다음 용기를 내 실천해 봅니다.

정서 지원

♥ 정서적으로 도움을 줄 만한 사람을 찾아내기

누가 이야기를 잘 들어 주나요? 항상 다른 사람을 응원해 주는 사람이 있나요? 그 사람과 이야기해 보거나 일주일에 한두 번 문자 메시지를 보내 보세요. 처음부터 무거운 주제로 이야기를 시작하지 마세요. 가벼운 일상 대화로 시작하되 몇 주 혹은 몇 달이 지난 뒤에 관계가 깊어졌는지 살펴본 후에 깊은 이야기를 나눠요.

♥ 정서 지원에 목표를 둔 동아리나 활동에 참가하기

온라인, 학교, 지역 모임에서 그런 활동을 찾아봅니다. 정신 건강이나 성 소수자 지원, 환경 보호, 또래와의 관계 문제를 상담해 주거나 도와주는 것에 관심 있는 사람들의 모임이 있을 거예요. 이런 활동을 하다 보면 관심사가 비슷하고 배려심이 많은 사람들을 만나 관계망을 넓힐 기회가 생깁니다. 그런 활동이 평소에 하던 일과 동떨어진 종류라면 용기를 북돋을 만한 말, 즉 '그 모임 사람들도 처음엔 나처럼 떨렸을 거야' 같은 말을 적어 봅니다.

♥ 어른들에게 도움 구하기

더 많은 정서 지원이 필요하고 자신이 겪는 문제가 심각하다면, 예를 들어 괴롭힘을 당하거나 우울하거나 불안이 심하거나 어떤 식으로든 피해를 당한 상황이라면, 여러분의 이야기에 귀 기울여 줄 어른을 찾아가야 합니다. 학교 상담 선생님이나 다른 신뢰하는 선생님이나 부모님일 수도 있습니다. 도움을 받을 만한 또래 친구도 좋겠지만, 상황이 매우 힘들어질 때를 대비해서 정서 지원 그룹에는 반드시 믿을 수 있는 어른들이 있어야 합니다.

도구 지원

♥ 도움을 줄 수 있을 만한 사람을 찾아보기

자원해서 다른 사람을 돕는 사람들을 찾는 거예요. 학교 행사나 도서관에서 자원봉사하는 친구들일 수도 있습니다. 플리 마켓을 열어 물품을 판매하거나 그런 모임을 주최하는 친구들일 수도 있겠지요. 부탁할 일이 있다면 그 친구들에게 도와달라고 해 봅시다. 물론 보답으로 그 친구들을 도와주겠다고 약속해야겠죠?

♥ 다른 사람들을 돕는 일에 자원하기

도구적 지원을 받기 위한 방법은 다른 사람들을 돕는 것입니다. 하루에 한 번은 누군가에게 친절을 베풀어 보세요. 아픈 친구에게 문자로 안부를 묻고 빠진 수업을 보충할 수 있도록 노트를 빌려주는 식으로요. 도움을 베푸는 사람이 되면 필요할 때 도움을 얻기가 훨씬 쉬워진답니다.

정보 지원

♥ 어떤 정보가 필요한지 확인하기

지원하려는 대학을 결정할 때 도움이 필요할 수도 있습니다. 마음을 가다듬기 위해 도움을 받아야 할 수도 있지요. 필요한 정보가 무엇인지 구체적으로 설명할 수 있으면 누구에게 도움을 요청해야 할지 좀 더 쉽게 파악할 수 있습니다.

♥ 조언해 줄 사람 찾기

상담 선생님, 부모님, 학교 선생님에게 도움을 요청해도 좋습니다. 비슷한 상황을 겪고 있는 친구에게 연락하는 방법도 있습니다. 온라인에서도 도와줄 사람을 찾을 수 있어요. 소셜 미디어에서 비슷한 주제에 관심 있는 사람들을 팔로우하는 식으로 말이지요. 조언을 해 줄 만한 멘토에게 이메일이나 문자 메시지를 보냅니다. '이 문제에 관해 알고 계신 게 많은 것 같아서요. 좀 더 자세한 조언을 부탁드려도 될까요?'라고 정중하게 요청합니다.

우정 지원

- ♥ **즐겁게 어울릴 수 있는 사람들에게 관심 기울이기**

  함께하면 좋을 사람들과 여러분을 웃게 하는 사람들을 찾아보세요. 모든 관계가 좋을 때도 있고 그렇지 않을 때도 있지만, 대개는 여러분을 웃게 하는 사람이 있을 겁니다. 한두 명에게 문자 메시지를 보내서 함께 스트레스를 없앨 만한 활동을 계획합니다. 영화를 본다거나 카페에서 음료를 마시는 일처럼 편하게 할 수 있는 활동이면 충분합니다. 여럿이 함께하는 데 부담이 덜하다면 단체 채팅방에서 적극적으로 응답하는 식으로 더 많은 친구와 어울려 보세요.

- ♥ **좋아하는 활동 늘리기**

  운동이나 게임 같은 취미 활동이 되겠지요. 학교나 동네에서 경쟁하지 않는 활동을 찾아서 모임이나 행사가 있을 때 최소 세 번 정도 참석해 봅니다. 그 정도면 새로운 것을 시작할 때의 두려움을 이겨 내고 진짜 즐거운 활동인지 확인하기에 충분하답니다.

  몇 주 혹은 몇 달이 지난 뒤 사회적 지원 그룹이 확장되고 있는지 살펴봅니다. 매주 스스로 점검한 다음 다른 것을 시도해 볼지, 아니면 진행 중인 활동을 계속 이어 나갈지 결정합니다.

좋은 관계의 중요성

이런 활동을 하다 보면 특정한 사람들이 지원 그룹 안에서 중요한 역할을 맡고 있다는 사실을 알게 됩니다. 그 사람들은 다양한 형태로 여러분을 지원해 주고 있답니다. 예를 들면, 비가 와서 마을 버스가 늦게 오는 날 차를 얻어 타는 식으로 부모님에게 도움을 받을 수 있습니다. 혹은 기분이 우울할 때면 단짝 친구가 곁에서 여러분의 이야기를 들어 줄 수도 있지요. 늘 여러분을 웃게 해 주고 매번 야구 연습을 도와주는 삼촌이 대학 장학금 신청에 도움이 되는 정보를 줄 수도 있습니다.

우리는 이런 관계 안에서 특별하게 도움받고 있다는 사실을 종종 잊습니다. 회복탄력성이 있는 사람들은 이런 관계에 감사하며 시간과 노력을 아낌없이 들입니다. 힘든 시간을 겪는 동안 이런 사람들의 도움이 절실할지도 모르는 일이거든요. 그 사람들을 인정하는 일은 매우 중요합니다.

소중한 사람들에게 감사 표현하기

언제나 의지할 수 있는 사람들이 있는지 확인하는 일이 시작입니다. 한 분야에서 많은 도움을 주는 사람들일 수도 있고 다양한 분야에서 도움을 주는 사람일 수도 있습니다. 다음 목록을 살펴보고 마음 가는 대로 덧붙입니다. 그리고 한 달에 한 번 여러분에게 도움을 주는 사람들에게 감사하는 마음을 전하세요.

♥ 친구들에게 문자 메시지나 카드를 보내서 나에게 중요한 사람임을 전합니다.

♥ 친구에게 작은 선물을 보내거나 사물함 앞에 놓아둡니다. 그 선물이 친구에게 왜 어울린다고 생각했는지 적은 쪽지도 함께 넣어서요.

♥ 친구에게 여러분이 생각하는 그의 장점 세 가지를 적어서 줍니다.

♥ 집안일을 돕는 등 고마운 사람들을 위해 자발적으로 좋은 일을 합니다.

사람들에게 사랑과 감사를 전하는 일은 아주 중요합니다. 소중한 사람을 위해 좋은 일을 하면 여러분의 기분도 좋아진답니다. 반면 여러분 인생에 별 도움이 안 되는 사람들도 있습니다. 이런 관계를 정리할 방법을 아는 일 역시 중요합니다.

나쁜 관계 살펴보기

인간관계는 완벽하지 않습니다. 화가 나거나 짜증이 났을 때 다투고 서로에게 상처를 주는 일은 흔합니다. 하지만 여러분의 관계를 잘 들여다보면 몸과 마음의 건강과 행복에 딱히 도움이 되지 않는 사람들을 발견할 수 있을 거예요.

어떤 관계는 도움이 되지 않습니다. 그런 사람들은 문제가 생겼을 때 다가가도 의지할 수 없어요. 그쪽에서 여러분을 위해 시간을 내주지 않을 수도 있습니다. 그럴 때 여러분은 계획을 세우고 일을 제안하는 쪽은 자신뿐이라고 느끼게 된답니다.

어떤 관계는 상처를 줍니다. 그런 관계 안에 있는 사람들은 여러분이 스스로 나아지지 못하도록 방해힙니다.

어쩌다 한 번이 아니라 지속적으로 그래요. 그 사람들은 여러분의 관심을 진지하게 받아들이지 않습니다. 여러분의 기분을 우울하게 하거나 나쁜 소문을 퍼뜨리기도 하죠. 그 사람들과 함께 있으면 불쾌한 느낌이 들거나 자기 자신을 의심하게 됩니다.

마지막으로, 어떤 관계는 폭력적입니다. 이런 관계에 있는 사람들은 여러분을 물리적 또는 성적으로 학대하거나, 폭언을 퍼붓거나, 지속적으로 따돌리는 등 폭력을 일삼습니다. 여러분은 존중받을 자격이 있어요. 이런 관계를 어떻게 해야 할지 방법을 찾는 일은 쉽지 않습니다. 하지만 분명 방법은 있어요!

···· **남자친구의 집착으로 고민에 빠진 마리사** ····

마리사는 고등학교 2학년입니다. 남자친구 윌과 1년 넘게 사귀는 중이지요. 두 사람이 처음 만났을 때, 마리사는 윌의 관심에 우쭐했습니다. 윌은 잘나가는 축구 선수였거든요. 마리사는 주말마다 윌과 데이트를 했기 때문에 더는 주말에 뭘 해야 할지 생각하며 스트레스를 받을 필요가 없었습니다.

하지만 시간이 흐를수록 문제가 생겼습니다. 윌의 소유욕과 질투심이 점점 심해진 것이죠. 마리사의 핸드폰 문자 메시지를 확인하겠다고 고집을 피웠고, 자신을 사랑한다면 비밀번호를 알려 줘야 한다고 주장했지요. 더불어 윌의 친구들은 마리사에 관한 성적인 소문을 퍼뜨리고 다녔습니다. 마리사는 온라인에서 그들이 자신을 험담한 흔적을 자주 발견했어요.

마리사는 이 문제를 해결하기 위해 윌과 친구들을 좀 더 친절하게 대했습니다. 하지만 시간이 갈수록 그런 행동은 이 상황에 도움이 안 된다는 사실만 분명해졌지요. 마리사는 윌에게서 사랑받는다는 느낌을 받지 못했습니다. 오히려 둘의 관계는 마리사가 가치 없는 존재인 듯 느끼게 했습니다. 마리사는 이 상황에서 벗어나야겠다고 마음먹었지만, 방법을 알지 못했습니다.

마리사와 윌의 관계가 익숙해 보이나요? 여러분이나 여러분의 친구가 처한 상황과 비슷해 보일지도 모르겠습니다. 마리사가 윌과 폭력적인 관계를 맺고 있다는 사실에 놀랐을지도 모르겠네요. 윌은 마리사에게 물리적 폭력을 휘두르지는 않았지만 정서적 폭력을 가하고 있습니다. 정서적 폭력도 물리적 폭력만큼이나 큰 피해를 주고 상처를 남깁니다. 게다가 윌의 친구들은 온라인상에서 거짓말을 하는 등 마리사를 괴롭히면서 잔인한 환경을 만드는 데 힘을 보탰죠. 마리사는 현명하게도 이런 상황을 바꾸기 위해 나름대로 노력을 기울였습니다.

폭력적인 관계는 단기간 피해를 줄 뿐만 아니라 장기적으로도 우울증과 불안 장애를 일으키며 신체에 문제를 일으킬 위험을 증가시킵니다. 만약 지지받지 못하거나, 상처를 주거나, 폭력적인 관계를 맺고 있다는 사실을 알아차렸다면 그런 관계에서 빠져나와 거리를 둘 전략을 짜서 실행해야 합니다. 유용한 방법 몇 가지를 소개해 볼게요.

나쁜 관계에서 빠져나오기

눈을 감고 호흡하면서, 여러분이 관계 맺고 있는 사람들을 떠올립니다. 스스로에게 다음 질문들을 던져 보세요.

내 인생에 적합하지 않은 사람이 있을까? 좋은 때나 나쁜 때 나와 함께하지 않는 사람이 있을까? 도움되지 않는 관계를 경험하는 중이라면, 그런 사람과 차츰 거리를 두며 멀어져야 합니다. 다음 방법을 참고해 보세요.

　　　　　　　　3부. 주변 세상을 이해하고 받아들이는 방법

- ♥ 전화나 문자 메시지에 즉시 답하지 않습니다.

- ♥ 개인적인 응답은 짧고 간단하게 합니다.

- ♥ 개인적으로 어울리자는 제안은 거절합니다.

- ♥ 만약 그런 사람들을 모임 구성원으로 만난다면 일반적인 대화만 나누며 친절하게 대하되 개인적인 접촉은 피합니다.

지속적으로 기분을 상하게 하는 사람이 있나요? 그 사람이 나를 무시하거나, 내 험담을 하거나, 나 자신을 믿지 못하게 하나요? 상처 주는 관계를 경험하고 있다면 자신에게 우선순위를 둬야 합니다.

- ♥ 그 사람과 교류를 최소한으로 줄이세요.

- ♥ 소통해야 한다면(그 사람이 여러분에게 권력을 행사하는 위치라면) 자신에게 용기를 줄 만한 메시지를 적습니다. 이런 말이면 좋습니다. '나 자신을 나쁘게 생각해서는 안 돼. 나는 속아 넘어가지 않아.'

- ♥ 가능하다면 그 사람의 행동 때문에 여러분이 어떤 기분인지 표현하세요. 친구나 신뢰하는 어른의 도움을 받으면 그런 상황을 혼자 감당하지 않아도 됩니다. 예를 들어 "나와 다른 사람들을 헐뜯는 사람과 함께 있고 싶지 않아요"라고 말할 수 있어요. 그 말을 듣고 상대

방이 자신의 행동을 바꾼다면 여러분은 그 사람에게 기회를 한 번 더 줄 수 있을 거예요. 하지만 뒤돌아서 나쁜 소문을 퍼뜨린다거나 업신여기는 행동 등을 반복한다면 여러분은 그 관계에서 빠져나와 거리를 둬야 합니다.

　누군가에게 신체적, 감정적, 성적으로 학대당한 적이 있나요? 누군가가 여러분에게 폭력을 쓰거나 해치겠다고 위협하거나 계속 겁을 주거나 비하한 적이 있나요? 폭력적인 관계를 경험하고 있다면, 혼자 고통을 견디지 마세요. 여러분을 도우려는 사람들이 있습니다. 신뢰할 수 있는 어른에게 연락해서 도움을 구하세요. 학교 선생님이나 상담 선생님일 수도 있습니다. 친구의 부모님, 이웃, 지역 복지 센터, 교회의 누군가일 수도 있겠지요. 이 책의 '유용한 웹사이트' 부분에도 도움을 요청할 기관 목록이 있습니다. 여러분은 혼자가 아니에요.

　여러분이 맺은 관계를 살펴보면서 도움이 되지 않거나 해롭거나 폭력적인 상황을 확인했다면 각각의 상황을 어떻게 처리해야 할지 계획을 세워야 합니다. 마리사가 남자친구와 헤어지기로 결심한 일이 그런 예입니다. 마리사는 윌을 떠나면 상황이 악화되고 윌의 친구들의 온라인 폭력도 심해질까 봐 걱정했습니다.

신체적이거나 정신적인 폭력을 겪는 상황이라면 신뢰할 만한 어른을 찾아 상황을 안전하게 해결하도록 도움을 받는 일이 가장 중요합니다. 마리사 역시 혼자서는 상황을 해결할 수 없다는 현명한 판단을 내리고 학교 상담 선생님을 찾아갔어요. 상담 선생님은 청소년 데이트 폭력 피해자를 돕도록 훈련받은 분이었습니다. 상담 선생님은 누구도 상처받는 일 없이 관계를 끝내도록 계획을 세웠습니다. 마리사는 전문가와 상담 치료를 시작했고, 이별로 인한 슬픔과 혼란을 털어놓았습니다. 장기적으로 볼 때, 이런 지원은 마리사가 회복탄력성을 기르는 데 도움이 될 거예요. 물론 어른에게 솔직하게 이야기하는 것이 쉬운 일은 아닐지도 몰라요. 하지만 마리사가 지금 자신의 감정을 털어놓으면, 앞으로 건강한 우정을 나누고 탄탄한 인간관계를 맺을 가능성이 훨씬 큽니다.

시시각각 변화하는 관계 돌보기

이야기하고, 부탁하고, 정보를 얻고, 함께 즐기는 등 여러분을 다양한 형태로 지원해 줄 사람을 찾는 일은 끊임없이 해야 합니다. 관계는 변하기 마련이거든요. 상황이 바뀌면서 한때 공감대를 이뤘던 사람과 멀어지기도 합니다. 가까운 친구가 바빠져서 이전처럼 여러분을 도와주지 못할 수도 있고요. 가까이 살면서 교류하던 이웃이 이사를 가기도 합니다. 훌륭한 조언을 해 주던 선생님이 다른 학교로 갈지도 모릅니다.

회복탄력성이 있는 사람들은 자신의 사회적 지원망에 공을 들이지만, 그런 관계도 시간이 흐르면 변한다는 사실을 압니다. 그래서 일정한 기간 간격을 두고 자신과 주변을 살피는 일은 중요합니다. 1년에 한 번, 원한다면 그보다 자주도 좋습니다. 사회적 지원 그룹에 누가 있는지 돌아보고 관계를 더 좋아지게 하려면 무엇을 해야 할지 살피세요. 거기에 더해, 보다 많은 지원이 필요할 때를 대비해 계획을 세우세요. 예를 들어 곧 시작될 새 학기를 준비하면서 '5월쯤에는 배구 연습과 기말고사 공부로 바빠지겠구나'라고 예상할 수 있겠죠. 그렇다면 엄마에게 그 주만큼은 주말에 집안일을 덜 해도 되냐고 이야기하거나, 스트레스를 덜기 위해 5월에는 주말마다 영화를 보러 가자고 친구에게 제안해 볼 수도 있습니다.

여러분에게 잘해 주고, 그런 애정에 보답할 만한 사람들을 주변에 두는 일은 아주 중요합니다. 관계를 잘 돌보는 일은 회복탄력성 기술 중에서도 가장 중요하답니다. 우리 주변에 있는 사람들은 우리에게 위로, 우정, 정보 등 다양한 도움을 줍니다. 지금 당장은 필요하지 않을 수도 있어요. 하지만 누구에게나 그런 도움이 필요한 시기가 찾아온답니다.

힘든 시기를 홀로 이겨 낼 수 있는 사람은 없습니다. 인간은 연결되어 살아가야 하는 존재거든요. 인간관계는 다양한 형태를 띱니다. 서로 깊은 대화를 나누기도 하고, 단순한 부탁을 주고받기도 합니다. 조언이나 정보를 얻을 사람이 필요할 때도 있지요. 또 친구와 어울려 놀고 싶을 때도 있습니다.

다양한 형태로 지원해 주는 그룹을 계속해서 발전시키는 일은 아주 중요합니다. 도움을 주는 사람들에게 감사하며, 건강하지 않은 관계는 끊어 내야 하지요. 관계를 잘 돌보면 일상생활이 훨씬 즐거워지고, 스트레스 받는 시기를 헤쳐 나가는 데도 도움이 됩니다. 좋은 관계는 금보다 귀하다는 것을 기억하세요.

기술
08

모험에 도전하기

안전지대를 벗어나지 않는다면 인생을 즐길 기회도 줄어듭니다. 새로운 사람을 만나거나 색다른 활동에 도전한다거나 약간의 위험을 감수하는 등, 새로운 것을 시도해보려는 마음은 정상이고 건강한 상태죠. 매일매일이 늘똑같기를 원하는 사람은 없습니다. 모험이 없다면 지루할 거예요. 또 새로운 상황을 피할수록 새로운 일을 할 때다가오는 긴장감은 점점 커집니다. 그러다 보면 자신을항상 의심하게 되지요.

안전지대에 미무르먼 이렇게 악순환이 계속됩니다. 불

안, 실망, 거부 같은 일을 경험할 가능성은 줄어들겠지만 새로운 경험을 즐길 기회도 사라진다고요!

회복탄력성의 핵심 기술은 적극적인 대처입니다. 즉, 깊이 고민하고 균형 잡힌 방법으로 계획을 세운 뒤 모험을 감행한다는 뜻이지요.

적극적
❶ 대상에 대한 태도가 긍정적이고 능동적인 것.

대처
❶ 어떤 정세나 사건에 대하여 알맞은 조치를 취함.

적극적인 대처는 문제를 다루기 위해 건강하고 슬기로운 방식을 찾는 행동을 뜻합니다. 이는 문제가 커지기 전에 작고 감당할 만한 단계를 거치며 문제를 마주하도록 돕습니다. 불안감이 들 때 적극적인 대처 방법을 사용해 헤쳐 나갈 수 있고, 위험할지 모를 상황을 앞두고 미리 계획을 세울 수도 있습니다.

문제 회피가 효과 없는 이유

살다가 문제가 생기면 외면하고 싶은 마음이 우리를 유혹합니다. 예를 들어 물리 과목에서 모르는 게 있는데 선생님에게 질문하고 싶지는 않을 때가 그렇겠지요. 하지만 선생님에게 물어보는 일을 미룰수록 성적은 나빠질 거예요. 그리고 성적이 나빠질수록 선생님에게 질문하기가 점점 부끄러워지겠지요. 문제를 회피하는 일이 어떤 식으로 악순환을 만드는지 보이나요?

토론팀에 들어가기 위해 시험을 보고 싶지만, 잘 해내지 못할까 봐 걱정될 수 있습니다. 그래서 시험을 포기하지요. 그러면 실망한 마음을 추스르게 될 가능성도 사라지니까요. 몇 주 뒤에 새로운 활동, 학교 합창단에 들어가 볼까 마음먹습니다. 합창 오디션을 볼 때가 되면 스트레스를 받겠지요. 긴장을 잘 다스려 본 경험이 없어서 더 그럴 거예요. 그렇다고 포기한다면 여러분은 자신이 새로운 것을 할 만한 사람이 아니라고 단정 짓고 더욱 움츠러들 거예요.

우리는 이런 악순환에 갇혀 있을 필요가 없습니다. 긴

강하고, 안전하고, 감당할 만한 방법으로 새로운 일에 도전할 방법은 많아요. 이것을 '체계적 둔감화'라고 부릅니다. 우리가 신중하게 기회에 다가가도록 도와줄 중요한 방법이지요.

체계적 둔감화

수영을 배울 때를 생각해 보세요. 일단 수영장에 가야겠지요. 그런 다음 물과 친해지고, 물에 뜨는 법을 배우고, 팔과 다리를 저으면서 호흡하는 법을 연습합니다. 그전에 대부분은 먼저 배운 친구가 이렇게 하면 빨리 배운다며 수영장 깊은 물속에 빠뜨렸다는 경험담을 들었을 테지요. 과연 그 방법으로 수영하는 법을 익혔을까요? 아닐 가능성이 큽니다. 대개 그런 경험 때문에 수영장을 더 두려워하게 될 뿐입니다. 이것은 체계적 둔감화와 정확히 반대되는 경험입니다.

이것보다는 천천히 꾸준히 물에 익숙해지는 방법이 훨씬 효과적입니다. 마찬가지로 위험을 감수하고 새로운

3부. 주변 세상을 이해하고 받아들이는 방법

것을 시도하려 할 때 아래 내용을 기억하세요.

- ♥ 새로운 일에 도전하려면 결과가 어떨지 예측해서 계획을 세우고 그 계획이 실천 가능한지 살펴본 다음, 작은 단계로 나누어 실행에 옮겨야 합니다.
- ♥ 체계적 둔감화는 두려워하는 일을 직면하는 과정으로, 감당할 만한 단계를 차근차근 밟아 나가는 것이 특징입니다.
- ♥ 체계적 둔감화는 호흡과 이완 기술을 활용해 단계를 밟아 나갈 때 드는 불안감을 관리합니다.

사고로 반려견을 잃은 벤이 체계적 둔감화 기술을 어떻게 활용했는지 살펴보세요.

· · · · · · · · · 산책을 두려워하게 된 벤 · · · · · · · ·

막 고등학교에 입학한 벤은 반려견과 교차로 근처를 산책하던 중이었습니다. 벤은 항상 차를 조심했지만, 그날은 갑자기 나타난 차 한 대가 속도를 줄이지 않고 달려왔습니다. 벤은 목줄을 놓쳐 버렸고, 눈 깜짝할 사이에 반려견이 차에 치이고 말았지요. 벤은 그 장면을 고스란히 지켜봐야 했습니다.

반려견이 죽고 나서 벤은 슬픔에 빠졌습니다. 가족들은 유기견 보호소에서 새로운 반려견을 입양하기로 결정했습니다. 하지만 벤은 개와 산책하는 일을 극도로 두려워했습니다. 아직 어린 강아지를 자신이 보호해 주지 못할까 봐 걱정했지요.

벤은 체계적 둔감법을 사용해 불안을 극복해 보기로 했습니다. 긴 산책로를 걷기 위해 단계를 작게 나누어 목록으로 만들었습니다. 첫 번째 단계는 강아지를 뒷마당으로 데리고 나가는 일이었습니다. 두 번째 단계는 도로를 건너지 않고 보도를 걷는 일이었습니다. 세 번째 단계는 길 건너 공원에 가는 것이었지요. 혼잡한 교차로를 건너는 일이 마지막 단계였습니다.

단계를 진행하면서 불안이 커지자 벤은 천천히 심호흡을 하면서 마음을 가라앉혔습니다. 차츰 시간이 지나면서 벤은 두려움을 마주할 수 있었습니다. 한 달 뒤에는 강아지와 함께 긴 산책을 할 수 있게 되었습니다. 마침내 벤은 긴장을 풀고 산책을 즐기게 되었습니다.

벤은 자신의 트라우마를 바로 극복하지는 못했고 일련의 과정을 통해 극복해 냈지요. 여러분도 체계적 둔감화 과정을 거치면 벤처럼 문제를 직면할 수 있을 거예요.

두려움 천천히 마주하기

무슨 일이 벌어질지 몰라 두려운 마음에 피하려고만 했던 일을 떠올려 보세요. 아무 일이나 떠올려도 좋습니다. 연극 오디션을 보거나, 마음에 둔 누군가에게 문자를 보내거나, 합격 가능성이 낮은 대학에 원서를 쓸 생각에 긴장할 수도 있습니다. 이런 문제들을 불안 수준으로 점수를 매긴 뒤, 작게 나누어 실천해 봅니다. 상황에 따라 필요한 만큼 단계를 나누면 좋습니다. 아래의 예를 살펴보세요.

두려움	불안 수준
연극에 도전하기	10
낯선 사람들이 지켜보는 곳에서 친하지 않은 사람과 대사 연습하기	9
친구 몇 명이 지켜보는 강당에서 친구와 대사 연습하기	6
친구와 대사 연습하기	4
엄마와 여동생 앞에서 독백 대사 읽기	3
혼자 독백 대사 읽기	1

여러분도 자신만의 목록을 만들어 보세요. 두려워서 하기 힘들었던 일을 종이에 적은 뒤, 단계로 나눕니다. 가장 낮은 단계에서 시작해 차츰 높은 단계로 도전하는 거예요. 불안을 가장 적게 느끼는 낮은 단계부터 골라 시도해 봅니다. 낮은 단계에서도 계속 전전긍긍한다면 단계를 더 세세하게 나눠 봅니다. 목록을 따라 자신만의 속도로 계속 실천해 보세요(불안이 낮은 단계에서 점점 높은 단계로 진행합니다). 각 단계를 시도할 때 아래의 방법을 참고하세요.

♥ 천천히 숨을 들이마시고 내뱉으면서 몸과 마음을 차분하게 유지합니다. 심장 박동 수가 줄어들고 긴장이 풀어지는 기분을 느낍니다.

♥ 각 단계를 시작할 때 불안 정도를 평가해 봅니다. 단계를 마친 뒤에도 평가합니다. 불안 정도가 단계를 마칠 때쯤 낮아지는 것이 가장 좋습니다.

♥ 어떤 단계를 시도할 때 불안 수준이 높다면 천천히 호흡하면서 불안이 잦아들 때까지 기다립니다.

♥ 불안 수준이 높다면 같은 단계를 여러 번 반복해도 좋습니다. 그 단계가 쉽게 느껴질 때 다음 단계로 가면 됩니다.

♥ 불안 수준이 너무 높다고 느낀다면 단계를 더 작게 나누어 봅니다.

♥ 자신을 지나치게 밀어붙이지 않습니다. 높은 단계로 올라가기 위해 노력하고 있다면 며칠, 몇 주, 몇 달이 걸리더라도 걱정할 필요가 없습니다.

체계적 둔감법은 부담감이 너무 큰 나머지 시작하기조차 힘든 목표를 단계별로 작게 나눠 실행하는 유용한 방법입니다. 아주 작은 일도 시간이 흐르면 쌓인다는 점을 기억하세요. 도전 목표를 완전히 이루는 데 시간이 너무 오래 걸린다고 느껴지더라도 매 단계를 거치며 목표에 가까이 다가가고 있다는 사실을 잊지 말아야 합니다.

실망감 다루기

좋은 기회를 놓치지 않기 위해 도전할 때 기억해야 할 사실이 있어요. 바로 일이 항상 원하는 대로 풀리지 않을 수도 있다는 사실이죠. 원하는 팀에 들어가기 위해 도전했지만 선발되지 않거나, 좋아하는 사람이 여러분에게 관심 없을 수도 있습니다. 이런 상황에서는 회복탄력성이 있는 사람들 역시 상처받고 실망합니다. 다만 그런 감정 때문에 잘못된 행동을 하지 않는 방법을 알고 있을 뿐입니다. 커다란 목표를 떠올리면 거절이나 실망 같은 힘든 감정에 휘둘리지 않고 견뎌 낼 수 있습니다. 장학금을 신청하면서 실망을 느낀 크리스의 이야기를 들어 보세요.

· · · · · · · · · · · **굴하지 않은 크리스** · · · · · · · · · · ·

크리스는 고등학교 3학년입니다. 엄마는 남동생 둘과 크리스를 돌보기 위해 두 가지 일을 하고 있습니다. 크리스도 방과 후에 동네 식료품점에서 일합니다. 가정 경제에 도움이 된다는 생각에 기쁜 마음으로 일했습니다. 학교 성적이 좋은 크리스는 대학에 진학할 때 등록금 부담을 덜기 위해 전액 장학금을 받길 원했습니다. 그래서 몇몇 재단에 장학금을 신청했지만 모두 거절 메일을 받았지요. 깍듯하고 용기를 주는 내용인데도 읽다 보면 힘들고 실망스러웠습니다. 하지만 그럴수록 크리스는 최종 목표를 생각했습니다. 한곳에서 전액 장학금을 받거나 여러 곳에서 부분 장학금을 받는 것에 집중했습니다. 크리스는 거절 메일은 자신을 향한 것이 아니며, 그런 결정을 내리기까지 많은 요인이 영향을 끼쳤을 거라고 계속 되뇌었습니다.

마침내 크리스는 한 재단으로부터 대학 등록금 전액을 지원하
겠다는 연락을 받았습니다. 대학에서도 장학금을 받게 되었지
요. 실망감에 굴하지 않고 계속 노력한 크리스는 자신이 선택
한 대학에 들어갈 수 있었습니다.

크리스가 거듭되는 실망 속에서도 계속 도전할 수 있
었던 이유는 최종 목표와 가치에 집중했기 때문입니다.
안전지대에서 벗어나기로 마음먹었을 때, 자신이 얻은
기회가 중요한 이유를 다시 한번 생각하는 일은 중요합
니다. 그 기회는 최종 목표에 어떤 식으로 영향을 미치나
요? 그 기회가 여러분 자신을 바라보는 방식과 어떤 관계
가 있나요? 다음의 활동은 큰 목표와 가치를 마음에 새기
는 데 도움이 됩니다. 큰 목표를 기억하는 일은 포기하지
않고 끝까지 나아가게 하는 원동력이 됩니다.

나에게 중요한 것은 무엇일까?

30분 정도 시간을 내서 아래의 질문을 잘 생각해 본 뒤 답해 보세요.

1. 내년에 이루길 원하거나 적극적으로 해 보고 싶은 것이 있나요?

   예시: 성적표에 1등급과 2등급만 가득했으면 좋겠다.

---

2. 한 달 내내 아무도 만나지 못한다면 누가 가장 보고 싶을까요? 그 관계가 나에게 가장 중요한가요?

   예시: 내 절친 ○○○.

---

3. 내가 없을 때 친구와 가족이 나에 관해 어떤 말을 하길 원하나요? 내 이야기를 하면서 사용했으면 하는 단어는 무엇인가요?

   예시: 성실한, 끈기 있는, 재미있는, 똑똑한

이제 여러분의 가치를 표현할 방법을 찾아볼 차례입니다. 여러분의 성격과 취향이 기본 바탕을 이뤄야 합니다.

그림으로 표현해도 좋고 다른 방법을 사용해도 좋습니다. 아래의 의견을 참고하되 자유롭게 시도해 보세요.

♥ **콜라주 만들기**

목표, 소중한 관계, 중요하게 여기는 가치 등을 나타내는 단어를 종이나 전단지, 잡지 등에서 오려 붙입니다.

♥ **스프레드시트 만들기**

목록을 작성해도 좋습니다. 내년에 이룰 목표를 각각 다른 색을 사용해서(빨간색은 개인적 목표, 초록색은 학업, 파란색은 관계, 노란색은 즐길 거리 등) 표현합니다.

♥ **시 쓰기**

여러분의 목표, 관계, 가치를 묘사하는 시를 써 봅니다.

♥ **미술 활동하기**

드로잉이나 회화 등 여러분의 아이디어를 그림으로 표현해 봅니다.

♥ **노래 만들기**

춤을 붙여도 좋습니다. 여러분이 꿈꾸는 목표나 가치를 표현하세요.

장기적인 목표와 가치를 드러내는 작품을 만들었다면 잘 보이는 곳에 붙여 두세요. 특히 새로운 일에 도전하거나 이뤄야 할 목표를 두고 긴장될 때 꼭 실천해 보세요. 시도해 보려는 표현법이 여러분이 추구하는 가치와 어울리는지 자신에게 질문해 보세요.

모험에 도전하기 위해 필요한 한 가지는 상처와 실망감에 휘둘리지 않고 견뎌 내는 법을 배우는 일입니다. 모험을 과감하게 실행하기로 한 뒤에도 때때로 실망하거나 화가 날 수 있습니다. 그건 정상입니다. 하지만 그런 감정이 여러분을 휘두르도록 놔둬서는 안 됩니다. 다시 일어서는 법을 배우는 일 또한 회복탄력성의 일부입니다.

실망과 좌절에 대처하는 한 가지 방법은 감정을 받아들이는 동시에 스스로 용기를 북돋우는 것입니다. 마음을 열고 겪어 내되 감정에 휩쓸리지 않는 전략이지요. 다음에 나올 활동에 구체적인 제안을 담았답니다.

실패와 실망에 대처하는 법

종이와 펜 또는 컴퓨터나 핸드폰을 준비합니다. 최근 일이 원하던 대로 풀리지 않았던 때를 떠올립니다. 그 상황을 몇 문장으로 적어 봅니다.

예시: 그 애가 마음에 들어서 문자 메시지를 보냈는데 답장이 오지
않았다.

_____

_____

다음 질문에 답해 보세요.

1. 그때 어떤 감정이 들었나요?

예시: 실망스러웠고 진짜 속상했다.

_____

2. 그다음에는 어떻게 했나요?

예시: 아무에게도 털어놓지 못했다. 내가 너무 바보 같았다.

_____

3. 다음에는 어떻게 하고 싶나요?

예시: 친구에게 털어놓고 도움을 구하고 싶다.

_____

4. 그때 느낀 감정과 앞으로 비슷한 감정을 느낄 때 어떻게 대처할지

를 구체적으로 설명해 보세요.

예시: 다음에도 누군가가 나를 좋아해 주지 않으면 슬플 것 같다. 하지만 친구들에게 털어놓으면 혼자라는 느낌이 덜 들 것 같 다. 친구들은 내 경험에 공감해 줄 것이다.

회복탄력성이 있는 사람은 힘들거나 실망스러운 상황에서 감정을 드러내지 않는다는 의미가 아닙니다. 그런 감정들을 인정하고 다음에는 어떻게 하면 좋을지 생각하면서 스스로 다독일 줄 안다는 뜻이지요. 자신의 감정을 인정하기 위해서 쓸 수 있는 방법이 있습니다. 보통, 친구에게 어떻게 이야기할지 생각하다 보면 힘든 상황을 다른 관점으로 볼 수 있습니다. 우리는 자신에게 매우 엄격한 경향이 있습니다. 하지만 소중한 사람의 일이라면 좋은 충고를 해 줄 수 있죠. 자신의 감정을 인정하고 스스로에게 친구가 되어 주세요. 건강한 발걸음을 내딛도록 자기 자신을 북돋아 주세요.

체계적 둔감법을 익히고, 소중한 가치와 최종 목표를

확인하고, 실망감을 다룰 방법을 알아냈으니 이제는 좋은 기회를 잡기 위해 모험을 감수할 때 유의해야 할 한 가지를 살펴볼 차례입니다. 무엇이 유익하고 무엇이 위험할까요? 위험을 감수할 만한 가치가 있는 경우와 해로운 경우를 구분하기란 쉽지 않습니다.

세 가지 사고방식

좋은 기회를 잡는 일은 중요합니다. 어떤 팀에 지원하거나, 좋은 성적을 내려고 공부하거나, 새 친구를 사귀거나 데이트하는 일 등이 좋은 기회가 되겠지요. 때로는 위험을 감수할 만큼 가치 있는 기회인지 궁금할 수도 있습니다. 크게 다칠 수도 있는 장난을 치거나 운전 경험이 적은 사람의 차에 타는 일처럼 신체적 위험이 따르는 상황이 그렇습니다.

우리 뇌에는 의사 결정에 영향을 미치는 두 부분이 있습니다. '감성적 사고방식'은 우리가 무언가를 느끼는 방식에 관여합니다. 예를 들어, 학원을 땡땡이치고 친구의 생일 파티에 가면 들뜨기도 하지만 무슨 일이 일어날지 몰라 긴장하기도 하지요. '이성적 사고방식'은 그 상황을 둘러싼 객관적인 사실을 살핍니다. 이성은 여러분에게 부모님에게 들킬지도 모르니 파티에 가지 말라고 설득하겠지요.

이성적 사고방식과 감성적 사고방식이 합쳐지면 육감이나 직관력을 통해 우리를 최선의 결과로 이끕니다. 이것을 '합리적 사고방식'이라고 부릅니다. 앞의 예에서 합리적 사고방식은 여러분에게 파티에 가도 되지만, 너무 늦지 않게 나오자고 하겠지요. 합리적 사고방식은 학원을 빠진다면 부족한 학습을 어떻게 채울지 미리 생각해 선을 지키도록 돕습니다. 합리적 사고방식은 미리 부모님께 친구의 생일 파티를 이야기하고 학원을 빠지는 대신 보충 학습을 어떻게 할 것인지 제안할 것입니다.

합리적 사고방식은 결정을 내려야 할 때 이성적으로 판단한 장단점에 감성을 결합하는 중요한 역할을 수행합니다. 합리적 사고방식은 우리가 최선의 결정을 내리도록 돕고, 안전하고 건강하게 지내도록 지원을 아끼지 않습니다. 다음 활동은 합리적 사고방식을 계발하는 데 도움이 됩니다.

합리적 사고방식 기르기

종이와 펜 또는 컴퓨터나 핸드폰을 준비합니다. 위험을
감수해야 했던 상황을 떠올립니다. 여러분이나 혹은 다
른 누군가에게 일어났던 일도 좋아요. 누군가의 신체나
감정에 위협이 될 만한 상황이면 됩니다.

예시 : 인터넷에 누군가가 불쾌하게 느낄 말을 농담이랍시고 올리
는 친구들과 어울리는 중이었다.

_____

_____

1. 당시 느낀 감정을 써 봅니다. 감정은 한 단어나 짧은 문장으로 적어
   야 합니다.

   예시: 긴장되었다. 나를 끼워 줘서 신이 났다. 나 자신에게 실망했다.

_____

2. 이성적 사고방식이 뭐라고 했는지 생각해 봅니다. 완전한 문장으로 표현해 보세요.

예시: 걸릴지도 몰라. 누군가가 다치지만 않으면 재미있을 거야.

---

3. 잠깐 심호흡을 한 다음 합리적 사고방식이 어떤 목소리를 들려주었을지 확인합니다. 이 부분은 이성과 감성을 합치는 과정입니다. 두 사고방식의 타협점을 찾아내는 작업이지요.

예시: 누군가가 상처받을지도 몰라. 이럴 만한 가치가 없는 일이야.

---

4. 합리적 사고방식이 그 순간 들려준 말을 확인했다면, 그 상황에서 무엇을 배울 수 있을까요?

예시: 다음에 애들이 불편한 게시글을 올리면 나는 한마디 할 거야. 내용에 따라 너무 심하다면 선생님에게 계정을 신고해야지.

합리적 사고방식을 기르려면 꾸준히 연습해야 합니다. 처음에 잘 안 되더라도 낙심하지 마세요. 여러분은 감정에 영향을 받아 결정을 내리는 사람일 수도 있고, 매우 이

성적인 사람일 수도 있습니다. 결정을 내릴 때 이런 부분을 적절히 섞는 방법을 배우려면 시간이 걸린답니다. 하지만 노력하는 만큼 쉬워질 거예요. 연습하다 보면 위험한 상황에서 어찌해야 할지 모를 때, 자신의 안전과 주변의 지원 체계를 함께 생각해서 결정을 내리는 일이 가능해질 겁니다.

어려운 상황에 처했을 때, 피한다고 일이 해결되지는 않습니다. 어려운 일을 헤쳐 나가야 한다면 어려운 상황을 작은 덩어리로 나누어 봅시다. 감당할 만한 단계를 설정하는 방법(체계적 둔감화 기법)은 어려움을 극복하는 데 큰 도움이 됩니다. 실망감을 다루는 일은 회복탄력성을 기르기 위한 핵심입니다. 누구나 좌절할 때가 있기 마련이니까요.

합리적 사고방식을 통해 좋은 기회를 잡는 법을 익혀 보세요. 최종 목표와 가치를 기억하면 길을 잃지 않습니다. 여러분에게는 중요한 일, 소중한 사람들, 보여 주고 싶은 수많은 장점이 있습니다. 결정을 내리고 안전지대를 벗어날 때, 여러분의 목표와 가치를 기억하세요. 인생에서 험난한 시기를 잘 헤쳐 나가는 데 도움이 될 거예요. 현재와 미래 모두 말이에요!

삶의 목적과 의미를 찾는 방법

삶의 목적과 의미를 찾는 방법	몸 돌보는 방법
회복탄력성	
주변 세상을 이해하고 받아들이는 방법	마음과 감정 돌보는 방법

유연하고 긍정적으로 생각하기

아주 옛날, 넓은 앞마당에 잔디 정원을 가꾸던 사람이 있었습니다. 잔디는 매년 푸릇푸릇하고 싱싱하게 자랐습니다. 그런데 얼마 뒤, 그의 잔디 정원에서 민들레가 싹을 틔웠습니다. 민들레는 잡초였기 때문에 주인은 민들레를 손으로 뽑아 버렸지요. 하지만 민들레는 계속 싹을 틔웠습니다. 주인은 잡초 제거제를 구해 마당에 뿌렸지요. 그러자 잔디만 죽고 민들레는 다시 자랐습니다. 그가 계속 민들레를 뽑아내자 그해에는 민들레가 더는 자라지 않았습니다. 하지만 이듬해 봄이 되자 다시 민들레가 자랐고, 주인은 매우 화가 났습니다. 이웃 정원에서 민들레 씨앗이 날아왔을지도 모른다는 생각에 그는 이웃을 찾아가 마당의 민들레를 모두 뽑는 것이 좋겠다고 부탁했습니다. 하지만 소용없었습니다. 민들레는 또 자랐거든요. 좌절한 주인은 마을에서 정원을 가장 오래 가꾼 사람을 찾아가 조언을 구했습니다. 그러자 그는 민들레를 그냥 예뻐하라고 주인에게 말했답니다.

이 이야기는 누구나 인생에서 고난과 역경을 겪는다는 사실을 보여 줍니다. 우리는 어려운 일들을 없애지 못하지만 그것을 바라보는 관점은 바꿀 수 있어요. 주인은 민들레라는 잡초를 제거하기 위해 온 힘을 다해 애썼습니다. 하지만 그는 결국 민들레를 자신의 정원을 구성하는 일부로 보는 법을 깨우치게 되었습니다.

이번 장에서는 유연하게 사고하는 능력과 현실을 긍정적으로 생각하는 능력이라는 개념을 살펴봅니다. 이 능력들은 정원을 오래 가꾼 사람이 민들레 문제를 파악하는 데 사용한 방법입니다. 이 기술이 회복탄력성과 어떤 관련이 있는지 확인해 보세요.

유연하게 사고하는 능력

유연하게 사고하는 능력은 어떤 상황을 다양한 관점에서 검토하는 능력입니다. 우리 주위의 상황은 계속해서 변합니다. 항상 나쁘거나 늘 좋기만 하지 않지요. 하지만 우리는 그렇게 오해할 때가 많아요. 축구 연습을 하다가 골절상을 입는 바람에 몇 주간 집에서 쉬어야 하는 경우를 예로 들어 볼게요. 다쳐서 좌절할 수도 있지만 그동안 시간이 없어 미뤄 뒀던 학교 숙제를 할 수도 있겠지요. 사건을 해석하는 방식은 여러 가지입니다. 이 기술은 스트레스를 받을 때 특히 유용합니다.

인식
❶ 사물을 분별하고 판단하여 앎.
❷ 자극을 받아들이고, 저장하고, 인출하는 일련의 정신 과정.

유연성
❶ 딱딱하지 아니하고 부드러운 성질.

❷ 결과 또는 성과를 이룩하기 위하여 다양한 사고와 행동을 선택적으로 할 수 있는 능력.

유연하게 사고하는 능력은 스트레스를 받을 때 원인인 장애물을 넘어서도록 돕습니다. 고정된 시각으로 사물을 바라보면 틀에 갇히고 맙니다. 문제를 해결할 다른 방법을 찾아내지 못하기 때문이지요. 자신이 처한 문제가 무엇인지에만 사로잡혀서 그것을 해결할 방법은 오직 하나뿐이라고 믿기 시작합니다. 유연하게 사고하는 능력은 이러한 문제를 다양한 관점으로 바라보게 해 줍니다. 그러면 문제를 풀어 나가기 위해 선택할 수 있는 방법이 다양하다는 사실을 깨닫겠지요.

유연하게 사고하는 능력은 어려운 상황이 해결된 뒤 통찰력을 갖게 해 줍니다. 어려운 상황을 겪으며 어떻게 성장했고 무엇을 얻었는지 이해하도록 도와주지요. 다른 관점에서 상황을 살펴보면 문제를 긍정적인 시선으로 바라볼 수 있습니다. 따라서 미래에 닥칠 좌절을 잘 극복할 가능성도 커지겠지요. 어려운 상황에 처하면 자신에게 다음과 같은 질문을 해 보세요.

- ♥ 내 문제의 원인은 무엇일까?
- ♥ 이 문제를 어떻게 해결할 수 있을까?
- ♥ 친구나 선배에게 이 문제를 털어놓으면 그들은 나에게 어떤 질문을 할까?
- ♥ 이 상황을 다르게 볼 방법이 있을까?
- ♥ 이 문제를 해결할 다른 방법이 있을까?
- ♥ 상황이 어렵기는 하지만, 아주 사소하더라도 어떤 긍정적인 부분이나 이득이 있지 않을까?
- ♥ 이런 상황에서 감사할 만한 뭔가가 있을까?

유연하게 사고하는 능력은 힘든 상황을 다르게 볼 수 있도록 도와줍니다. 예를 들어 볼게요.

처음에 든 생각	유연하게 사고하는 능력
시험 성적이 떨어지다니 믿을 수 없어.	앞으로 더 효과적인 공부 방법을 찾아볼 기회로 삼아야겠다.

친구가 나에게 화났나 봐.	오늘 기분이 영 좋지 않아 보이네. 왜 그런지 한번 물어봐야겠다.
다리에 골절상을 입어서 이번 시즌에 출전할 수 없다니 너무 속상해.	푹 쉬고, 다음 시즌에 더 열심히 뛰어야지.
이 상황을 헤쳐 나가느라 끔찍할 정도로 스트레스가 심해.	내가 꽤 강하다는 사실을 깨달았어.
이건 내가 도저히 해결할 수 없는 일이야.	친구가 나서서 도와주다니 정말 고마운 일이야.

유연하게 사고하는 능력은 작은 좌절에도, 크고 어려운 문제에도 적용할 수 있습니다. 스트레스 원인을 해결하는 데에도 도움이 됩니다. 어찌할 바를 몰라서 두려울 때 마음이 진정되도록 도와주기도 하지요. 한동안 아파서 학교를 빠져야 했던 애바의 이야기를 들어 보세요.

······ 현재가 아닌 미래에 집중한 애바 ······

애바는 고등학교 3학년으로, 좋은 대학에 들어가는 것을 목표로 열심히 공부하면서 다양한 동아리에서 활동하고 있었습니다. 그러던 어느 날, 애바는 독감에 걸리는 바람에 학교를 2주 쉬어야 했습니다. 너무 아파서 숙제를 하지도 못했고, 보통 때처럼 입시 준비도 하지 못했습니다.

학교에 다시 나가면서 애바는 극도로 불안해졌습니다. 수업을 따라가기가 어렵다는 생각도 들었습니다. 몸이 너무 약해지는 바람에 공부를 하기도 힘들어서 더 스트레스를 받다가는 건강이 다시 나빠질지도 모르는 상황이었습니다.

애바는 미래에 집중해 현실적인 계획을 짜는 것이 최선이라는 결론을 내렸습니다. 각 과목 선생님들을 만나서 자신이 놓친 수업에서 중요한 내용이 있다면 짚어 달라고 부탁했습니다. 애바는 선생님들과 함께 가장 중요한 과제에 우선 집중해서 다음 달까지 진도를 따라잡을 수 있도록 세부적인 계획을 세웠습니다.

아팠다는 사실에 속상한 마음은 여전했지만 이로 인해 선생님들과 더 가까워지고 학업을 따라잡기 위한 구체적인 계획도 세웠다는 사실에 애바는 뿌듯했습니다. 또 과제를 반드시 순서대로 할 필요가 없다는 점도 깨달았지요. 애바의 유연하게 사고하는 능력은 문제를 해결하는 데 도움이 되었고, 어려워 보이던 일을 풀어 나가는 과정에서 이득을 얻을 수 있나는 짐도 깨딛게 해 주었습니디.

이처럼 문제를 다른 관점으로 본 경험이 여러분에게도 있나요? 유연한 사고는 단기간의 스트레스 원인뿐만 아니라 장기적이고 심각한 좌절을 헤쳐 나가는 데 도움이 됩니다. 유연하게 사고하는 능력은 트라우마를 겪은 뒤에 성장하도록 이끌어 줍니다. 이 능력을 활용해 트라우마를 일으키는 상황에 잘 대처한 마크의 이야기를 들어 보세요.

·········엄마와 남동생을 돌본 마크·········

마크는 고등학교 2학년으로 엄마와 남동생과 함께 살고 있습니다. 부모님이 이혼한 뒤로 아빠는 몇 시간 거리에 떨어져 살지요. 부모님의 이혼으로 마크는 집에서 여러 가지 집안일을 맡아서 해야 했습니다.

마크의 엄마는 최근 유방암 진단을 받았습니다. 의사들은 엄마가 치료를 받으면 좋아질 거라고 말했지만 항암 치료를 받은 날이면 엄마는 많이 힘들어했습니다. 마크는 고통스러워하는 엄마를 보면 마음이 아프고 걱정되었습니다. 엄마의 몸이 너무 약해져서 마크는 전처럼 친구 집에 놀러 갈 수도 없었습니다. 그래서 매일 동생과 엄마를 돌보며 시간을 보내야 했지요. 마크는 예전의 일상이 그리웠고 그런 마음 때문에 죄책감을 느꼈습니다. 자기 가족에게 왜 이런 일이 일어났는지 이해하기 어려웠고, 세상은 불공평하다는 생각에 화가 나기 시작했습니다. 그러던 중 마크의 친구와 이웃들이 마크의 엄마 소식을 듣고 십시일반으로 한 끼씩 도와주는 '식사 기차' 봉사단을 꾸렸습니다. 선생님들도 마크에게 관심을 기울였습니다. 모두 자원해서 마크의 이야기를 들어 주며 필요한 부분에 도움을 주었지요. 몇 달이 지나자 마크의 엄마는 건강 상태가 좋아졌고 항암 치료도 진전을 보이기 시작했습니다. 마크는 그제서야 끔찍한 스트레스로 힘들었던 시간을 돌아볼 여유가 생겼어요. 자신이 겪었던 어려움과 함께 이웃과 선생님들이 베푼 친절이 떠올랐습니다. 이뿐만 아니라 학교에 다니면서 가족을 돌본 자신의 힘도 깨닫게 되었답니다.

유연하게 사고하는 능력을 활용해 힘들었던 시간을 여러 관점으로 이해한 마크의 능력은 인상적입니다. 마크는 자신이 처한 상황 안에서 긍정적인 측면(다른 사람들의 지원)을 확인했고 자신의 장점 역시 제대로 인식했지요. 힘든 상황에서 유연하게 사고하는 능력을 사용해 긍정적인 측면을 찾고 교훈을 얻는 일은 회복탄력성에서 매우 가치 있는 기술이에요. 마크가 '엄마는 암에 걸렸고 세상은 불공평해'라는 생각에만 사로잡혔다면 성장하기 힘들었을 거예요. 물론 힘든 일은 마크의 선택으로 일어나지 않았습니다. 사건이 발생하자 마크가 다른 관점에서 상황을 바라봤다는 의미일 뿐입니다.

유연하게 사고하는 능력을 활용하는 간단한 방법은 일상에서 겪는 어려움을 살핀 뒤 긍정적인 부분과 배워야 할 부분을 확인하는 것입니다.

다른 관점에서 역경을 바라보기

하루를 마무리할 때 5분 정도 눈을 감고 그날 힘들었거나 곤란했던 일을 떠올립니다. 시험을 망쳤거나 게임에서 졌을 때처럼 심각하게 좌절할 정도는 아닌(또는 트라우마를 남기지 않는) 상황에서 시작하면 쉽습니다. 그 상황을 아주 자세한 부분까지 살려 시각화합니다. 누구와 함께 있었나요? 어떤 기분이었나요? 주변의 풍경은 어땠고, 무슨 소리가 들렸나요? 상황은 어떻게 끝났나요? 눈으로 보듯 재구성하면서 다음과 같은 질문을 던져 보세요.

- ♥ 오늘 평소와는 다르게 반응한 방식에서 자신에 관해 무엇을 알게 되었나요? 어떤 장점이 드러났나요?
- ♥ 그 상황에서 감사한 일이 있었나요? 누구 또는 무엇에게, 그리고 왜 고마웠나요?

이런 시각화 활동을 일주일 동안 매일 하면서 자신의 장점 한 가지와 주어진 상황에서 긍정적인(또는 감사한) 한 가지를 확인합니다. 이러한 상황에서의 시각화 활동이 익숙해졌다면 질병이나 트라우마처럼 좀 더 어렵고 지속적인 스트레스 상황에도 이 기술을 활용할 수 있습니다. 이렇게 한다고 힘든 경험이 없었던 일이 되지는 않겠지만 슬픔, 실망, 걱정 같은 감정을 누그러뜨리는 데는 도움이 될 거예요.

힘든 상황에 대해서 감사할 점을 찾으라는 것은 트라우마나 질병을 즐기거나 받아들이라는 의미가 아닙니다. 다만 자신을 친절히 대하고 삶에서 긍정적인 부분을 찾는 데 집중해야 한다는 뜻이시오. 회복단력성이 있는 시람은 이런 기술과 함께 사회적 지원, 감정적 내성, 유익한 기회를 잡기 위한 도전 등의 기술을 활용해서 훨씬 심각한 문제에 대처합니다. 물론 이런 기술들을 적절히 사용하려면 연습이 필요합니다. 시간이 지나면 자신에게 가장 효과적인 기술이 무엇인지 깨닫게 될 거예요.

현실을 긍정적으로 생각하는 능력

유연하게 사고하는 능력은 어려운 상황을 겪는 중이거나 혹은 겪은 뒤에 도움이 됩니다. '현실을 긍정적으로 생각하는 능력' 역시 이와 밀접하게 관련이 있는데, 이 능력은 미리 계획을 세우는 데 도움을 줍니다. 또한 스트레스 받는 상황을 헤쳐 나가기 위해 계획을 세우는 동시에 그 안에서 희망적인 부분을 발견하게 합니다. 부정적인 생각과 감정을 피해야 한다거나 모든 상황을 있는 그대로 받아들여야 한다는 뜻이 아니에요. 이 능력은 가장 현실적인 결과를 내기 위해 계획을 세우도록 도와줍니다. 예를 들어 볼게요.

처음에 든 생각	현실을 긍정적으로 생각하는 능력
시험을 망칠 거야.	세 시간만이라도 공부하면 90점을 받을 수 있을 거야. 만약 못 받더라도 노력했으니 괜찮은 점수를 받겠지.
합창부 오디션 걱정만 없다면 다 좋을 텐데.	엄마 앞에서 몇 번 연습하면 긴장도 줄고 독창 파트를 따낼 가능성도 커질 거야.
이렇게 헤어지다니 믿을 수가 없어.	친구한테 털어놓고 바쁘게 지내면 잊을 수 있을 거야. 당분간은 슬프겠지만 또 좋은 날이 오겠지.

회복탄력성이 있는 사람들은 현실을 긍정적으로 생각하는 능력을 일상생활에 적용할 줄 압니다. 스트레스가 많을 때 희망을 갖고 현실적인 목표를 떠올리며 계획을 짜는 일이 자신의 인생에 도움이 되는 것을 알았기 때문입니다. 유연하게 사고하는 능력과 현실을 긍정적으로 생각하는 능력을 함께 사용하면 여러분이 성장하는 데 큰 도움이 됩니다. 두 능력을 합칠 때 알아 둬야 할 핵심 사항이 있는데요. 어려운 상황에 처했을 때 긍정적인 생각만으로는 도움이 되지 않습니다. 기대가 계속 꺾이면 우리 마음과 몸은 부정적인 영향을 받기 때문이지요. 하

지만 긍정적인 생각과 유연하게 사고하는 능력이 결합하면 폭력, 차별, 만성 질환 같은 심각한 상황에 대처하는데 도움이 된답니다.

제이슨이 유연하게 사고하는 능력과 현실을 긍정적으로 생각하는 능력을 같이 활용한 사례를 살펴보세요.

‥‥‥‥‥화재로 집을 잃은 제이슨‥‥‥‥

제이슨은 막 중학교 3학년이 되었습니다. 4남매 중 첫째였고, 여동생들만 있었지요. 3학년이 되기 몇 달 전, 제이슨네 가족이 살던 아파트에 큰 화재가 발생했습니다. 제이슨네 가족은 재산 대부분을 잃고 원래 살던 아파트에서 몇 블럭 떨어진 할아버지 댁으로 이사를 가야 했습니다.

갑작스러운 사고에 제이슨의 생활은 크게 변했습니다. 예전 집에 있던 자신의 방이 그리워지며 또다시 미래가 걱정되기 시작했어요. 하지만 시간이 흐르면서 제이슨은 가족 모두가 힘을 합쳐 서로 도우려 한다는 사실을 깨달았습니다. 또 누구에게나 좋은 날이 있으면 그렇지 않은 날도 있고, 슬픈 날을 겪다 보면 함께 웃는 날이 온다는 사실도 알게 되었지요.

이번 여름은 가족 모두에게 슬프고도 길게 느껴질 터였습니다. 그럼에도 불구하고 함께 즐거운 시간을 보낼 방법을 찾고 싶었

던 제이슨은 여동생들의 기분을 나아지게 할 방법을 고민하다
가 가족들과 함께 수영을 즐기던 추억이 떠올랐습니다. 그래
서 매주 동생들을 데리고 근처 수영장에 가야겠다고 마음먹었
지요. 비록 어려운 시기를 지나고 있었지만 제이슨과 동생들은
기대를 품고 즐거운 시간을 보낼 수 있었습니다.

제이슨의 이야기는 어려운 환경에서도 현실을 긍정적
으로 생각하는 능력을 활용할 수 있다는 점을 보여 줍니
다. 힘든 시간을 겪을 때 희망을 찾는 방법은 일상에서 작
지만 즐겁고 재미있는 순간을 만들어 내는 거예요. 어려
운 일 때문에 힘들 때, 우리는 편안하고 즐거운 일을 찾아
마음을 의지할 수 있습니다. 일상에 행복을 더해 줄 방법
몇 가지를 소개해 볼게요.

좋아하는 일 하기

즐겁거나 행복하거나 웃음을 안겨 주는 활동을 떠올려

봅니다. 핵심은 이 활동들이 건전하면서도 규칙적으로 하기 쉬워야 한다는 점입니다(매일 할 수 있는 일이어야 해요). 숙제처럼 여겨지면 안 되겠지요. 하고 싶은 일을 고르되 의무는 아니어야 합니다. 이것은 안전지대 밖으로 나가는 일이 아니라 편안함을 찾는 일이랍니다. 즐거운 일을 하기 위해 좌절감과 싸워야 할 필요는 없겠지요. 아래에 소개하는 활동을 해 보거나 다른 것들을 추가해 보세요.

♥ 자전거를 타거나 좋아하는 음악에 맞춰 춤을 추는 등 '신체' 활동을 합니다.
♥ 드로잉, 요리, 노래, 음악 듣기 등 '예술' 활동을 합니다.
♥ 드라마를 보거나 웃긴 이야기를 하거나 재미있는 동영상을 찍는 등 '유쾌한' 활동을 합니다.
♥ 마음이 잘 맞는 친구와 시간을 보내는 등 '즐거운' 활동을 합니다.
♥ 따뜻한 물에 몸을 담그거나 요가 같은 '편안한' 활동을 합니다.

일주일 동안 자신이 어떤 활동을 할 때 행복한지 알아보세요. 한 가지 이상의 활동 목록을 작성할 수 있어야 합니다(편안한 활동, 유쾌한 활동 등). 하루 일과를 마무리하면서 자신에게 질문하는 시간을 가집니다. 오늘 나만을 위해 무엇을 했나요? 매일 자신을 위해 즐겁고 유쾌한 시간을 조금이라도 가져 보세요.

자신을 위해 다양한 즐길 거리를 찾는 일을 노동으로 느끼지 않아야 합니다. 한 가지 비결이 있다면 자신을 너그럽게 대하면서 효과적인 활동을 찾아보는 거죠. 매일 행복을 느낄수록 현실을 긍정적으로 생각하는 능력도 커질 거예요.

감사하는 마음의 중요성

낙관주의는 세상과 인생을 희망적으로 밝게 보는 생각이나 태도로 매우 힘든 시기에도 감사할 일을 찾도록 도와줍니다. 아무리 작은 일이라도 여러분이 받은 축복을 찾아 감사하다 보면 문제 해결 능력이 자라고 기분도 좋아져서 좌절에 잘 대처할 가능성이 커진답니다.

감사는 회복단력성의 중요한 부분입니다. 평소에도 좋

은 면을 볼 수 있다면 상황이 힘들어져도 좋은 면을 찾을 수 있습니다. 감사할 일을 찾을 수 있다면, 여러분이 성장하거나 힘든 상황을 극복하는 데 도움을 줄 사람이나 환경도 발견할 수 있습니다.

감사는 타고나는 기질이 아닙니다. 훈련을 통해 얻을 수 있지요. 다음의 방법들은 자신에게 효과적인 감사하는 훈련을 찾는 데 도움이 될 거예요.

일상에서 하는 감사

긍정적인 면에 집중하도록 돕는 한 가지를 매일 실천합니다. 사소해 보일 수도 있을 거예요. 사실 이 활동에서 가장 강력한 효과를 얻으려면 작은 것에 집중해야 합니다. 여러분에게 효과적인 활동을 찾아보세요.

♥ 메모를 적어 보내기

누군가가 여러분에게 친절을 베풀었다면 메모를 적어 건네거나 문

4부. 삶의 목적과 의미를 찾는 방법

자 메시지로 고맙다고 말합니다. 귀여운 카드를 보내도 좋아요.

♥ 주변 환경 관찰하기

아름다운 석양, 예쁜 나무, 귀엽게 생긴 강아지 등을 관찰합니다. 그 순간을 어떻게 즐겼는지 기억하기 위해서 사진을 찍어 둡니다.

♥ 감사 상자 만들기

가족들에게 감사할 것들을 적어 달라고 부탁한 다음 '감사 상자' 속에 넣습니다. 몇 달에 한 번 함께 모여서 상자 속에 넣어 둔 종이를 꺼내 읽습니다.

♥ 콜라주 만들기

여러분이 느끼는 행복을 표현해 봅니다. 작품을 완성했으면 매일 볼 수 있는 곳에 걸어 둡니다.

♥ 식사 때 감사 기도하기

음식을 먹기 전에 잠시 식탁에 음식이 올라오기까지 애쓴 모든 사람들(작물을 재배한 농부, 작물을 싣고 상점에 배달한 운전 기사. 진열대에 정리한 점원, 음식을 준비한 사람)에게 감사합니다.

♥ 친구를 칭찬하기

여러분이 생각하는 장점 한 가지를 친구에게 말해 줍니다.

이 활동의 핵심은 감사를 일상이 일부로 만든다는 점

입니다. 규칙적으로 감사하면 생각하는 방식이 바뀝니다. 전보다 더 감사를 표현하는 여러분을 친구와 가족들도 보겠지요. 여러분이 하나의 문화를 전파한 것일 수도 있겠네요.

스트레스와 성장

때로는 힘든 일이나 고통스러운 경험이 우리를 성장하게 합니다. 여러분은 힘든 이별을 겪었을 수도 있어요. 다시 겪고 싶지 않은 경험일지라도 장기적으로 볼 때 그 일은 여러분이 가치 있는 사람이라는 사실을 깨닫게 해 줍니다. 원하는 동아리에 들어가지 못할 수도 있습니다. 그때 느끼는 실망감은 오히려 새로운 일에 도전하지 않으면 남는 것은 후회뿐이라는 사실을 깨닫게 해 주지요.

우리의 성장은 성공이나 성취가 아닌 실망하거나 좌절할 때 발생해요. 유연하게 사고하는 능력을 활용해 어려운 일을 헤쳐 나가는 동안 우리는 자신의 강점과 가치를 깨닫습니다. 이번 장의 마지막 훈련은 좌절감이 성장의 일부라는 사실을 기억하는 데 도움이 됩니다.

좌절했던 경험 떠올려 보기

좌절했던 순간을 떠올려 봅니다. 친한 친구가 이사 갔거나 여러분이(혹은 가까운 누군가가) 심각한 병을 앓는 중이거나 누군가가 여러분의 몸이나 마음을 다치게 했을 수도 있습니다. 이런 상황을 다른 사람들의 도움과 자신의 강점으로 이겨 내고 성장하는 자신을 상상합니다. 여러분의 성장한 모습은 어떤가요? 자신을 표현할 방법을 골라 보세요.

- ♥ 성장을 돕는 고난을 상상해서 그림으로 표현해 봅니다.
- ♥ 이런 좌절감이 미래에 어떤 영향을 끼칠지 생각해서 적어 봅니다.
- ♥ 좌절감이 여러분에게 어떤 영향을 미치리라고 생각하는지 누군가에게 이야기합니다.
- ♥ 이런 역경을 바탕으로 세운 구체적인 목표를 표로 작성해 봅니다.
- ♥ 이 상황이 여러분에게 어떤 영향을 끼쳤는지 시로 표현해 봅니다.

이것은 지극히 개인적인 과정이에요. 여기서 중요한 것은 역경을 헤쳐 나오려는 노력이 우리를 성장하게 한다는 사실을 깨닫는 것입니다. 아직 고통스러운 감정에서 헤어 나오지 못했더라도 괜찮아요. 슬픔, 실망, 불안, 상처, 분노와 같은 감정을 경험하는 중에도 우리는 성장할 수 있습니다.

힘든 상황을 헤쳐 나온 뒤 여러분이 성장으로 바꾼 여정을 자랑스럽게 여기세요. 고난은 우리를 특별한 존재가 되게 하며 앞으로 겪을 일에 중요한 교훈을 줍니다.

4부. 삶의 목적과 의미를 찾는 방법

역경을 어떤 관점으로 바라보는지는 매우 중요합니다. 힘든 일이 닥치면 피하거나 외면하고 싶죠. 하지만 장기적으로 볼 때 회피는 그 일에서 배우거나 성장하는 데 도움이 되지 않습니다. 유연하게 사고하는 능력은 어려운 상황을 겪는 동안이나 겪은 후에 그 경험을 다른 관점에서 볼 수 있게 하는 능력입니다. 현실을 긍정적으로 생각하는 능력은 희망을 품는 동시에 현실에 단단히 뿌리내리고 미래를 계획하는 능력입니다.

일상에서 유머, 재미, 기쁨같이 감사할 순간을 찾는 연습을 하면 감사는 여러분의 습관이 됩니다. 이 모든 기술을 통합하면 여러분이 더 즐거운 일상을 만들어 나가는 데 도움이 됩니다. 이런 훈련은 삶이 정말 힘들 때 희망을 찾고 행복한 순간을 느끼도록 도와줍니다. 가장 절망적인 시간을 겪을 때도 예외가 아니랍니다.

목적 의식 갖기

축하해요. 드디어 이 책의 마지막 부분에 도착했습니다! 그동안 수고했어요. 여러분이 회복탄력성이라는 도구 상자에 얼마나 많은 기술을 담았는지 잠시 확인해 보세요. 이 기술들은 인생에서 힘든 일을 경험할 때 유용하게 쓸 수 있습니다. 이뿐만 아니라 일상생활에서 더 많은 에너지와 집중력이 필요할 때나 더 나은 관계를 맺기 위해서도 사용할 수 있어요. 이제 스트레스 받거나, 불안하거나, 화나거나, 슬프거나, 실망하거나, 감정을 주체하기 힘들 때 여러분은 다음과 같이 할 수 있습니다.

4부. 삶의 목적과 의미를 찾는 방법

- ♥ 건강한 일상 규칙에 집중한다.
- ♥ (술, 카페인, 흡연 등의) 물질 사용을 줄이거나 중단한다.
- ♥ 마음 챙김을 실천한다.
- ♥ 감정적 내성 기술을 활용한다.
- ♥ 지난 실수에서 교훈을 얻는다.
- ♥ 우울과 불안에 대해 도움을 구한다.
- ♥ 안전하고 건강한 관계를 찾는다.
- ♥ 유익한 기회를 잡는다.
- ♥ 유연하게 사고하는 능력과 현실을 긍정적으로 생각하는 능력을 훈련한다.

더 소중한 가치와 목표를 추구하기 위해 여러분의 인생이 완벽할 필요는 없습니다. 인생은 계속해서 여러분을 시험할 거예요. 학교나 직장에서 매일같이 스트레스를 경험할 테고, 불확실한 미래를 걱정하거나 학대나 차별을 당하거나 심각한 병에 걸릴지도 모릅니다. 하지만 인생에서 경험하는 장애물들은 다른 관점에서 보면 삶의 의미와 목적을 찾기 위한 여정일 수도 있다는 것을 기억하세요.

의미

❶ 말이나 글의 뜻.

❷ 사물이나 현상의 가치.

우리는 종종 어떤 일이 왜 일어났는지, 거기에 무슨 의미가 있는지 알아내려 애씁니다. 앞에서 우리는 유연하게 사고하는 능력이 경험에서 무언가를 배우는 데 도움을 준다는 사실을 배웠습니다. 학대를 당하거나 자연재해나 사고를 겪거나 사랑하는 사람을 잃는 등 매우 심각하고 힘든 사건이라면, 그 일이 왜 일어났는지 의미를 결코 이해하지 못할 수도 있습니다.

여러분은 이렇게 질문할지도 모릅니다. '왜 나에게 이런 일이 생긴 걸까?' '내가 뭘 어쨌다고 이런 일을 당한 거지?' 그런데 이런 질문에는 적절한 답이 없답니다. 그런 일을 겪어서는 안 될 정말 좋은 사람들에게도 굉장히 힘든 일들이 일어나거든요. 다행스럽게도 유연하게 사고하는 능력은 '왜 이런 일이 일어났을까?'라는 질문 대신 '이 경험으로 알게 된 내 장점이나 새로운 사실이 있을까?'라는 질문을 떠올리도록 도와줍니다.

끔찍한 일이 왜 일어났는가란 질문에는 답이 없지만 이 일을 통해 여러분이 어떻게 바뀌고 무엇을 배웠는가란 질문은 해 볼 가치가 충분합니다. 이런 질문은 경험에 의미를 부여합니다. 상황에서 뭔가를 배운 뒤에는 앞으로 무엇을 해야 할지를 찾아볼 수 있습니다. 바로 '목적 의식'을 갖는 것이지요.

목적
❶ 실현하려고 하는 일이나 나아가는 방향.
❷ 실현하고자 하는 목표의 관념. 또는 목표로 향하는 긴장.
❸ 실천 의지에 따라 선택하여 세운 행위의 목표.

목적은 힘들었던 사건을 돌아보며 거기에서 배운 것(의미)을 더 큰 임무(목적)로 바꿀 방법을 찾는 일이기도 합니다.

회복탄력성이 있는 사람들도 종종 좌절을 겪습니다. 그 사람들은 좌절 경험을 성장의 기회로 삼지요. 그 과정을 '외상 후 성장'이라고 부릅니다. 심리적 외상을 겪은 뒤 더 깊은 의미와 목적을 찾아냈기 때문입니다.

회복탄력성은 자기 자신만 돌본다는 뜻이 아닙니다. 인생을 제대로 누릴 방법을 찾고 있다면 더 넓은 세상으로 나가서 뜻이 맞는 사람들과 교류하는 것도 좋아요. 경험은 여러분을 특별한 존재로 성장시키는 기반이 됩니다. 여러분의 목소리에는 개성이 담겨 있으니 모두가 귀기울일 것입니다. 회복탄력성이 있는 사람은 자신만의 인생을 만들 방법을 찾고, 무엇을 배웠는지 깨달으며, 관심 분야를 더 잘 알아 가기 위해 도전합니다.

삶의 의미와 목적을 탐구하는 일에는 옳고 그름이 없습니다. 만약 지금 안전하지 못한 상황에 처했다면 당장의 안전과 필요에 집중해야 해요. 불안해서 잠을 못 잔다거나 기분이 너무 가라앉아서 식욕이나 즐거운 일을 할 의욕이 없는 등 일상생활에 지장이 있다면 삶의 의미와 목적을 찾기에 앞서 일상의 기능을 회복하는 데 집중해야 합니다. 일상이 편안해진 뒤에 의미와 목적을 탐구할 시간을 마련해도 충분합니다. 그러니 탐구할 준비가 되지 않았다고 걱정하지 마세요. 삶의 의미와 목적은 여러분이 준비될 때를 기다리며 항상 곁에 있을 테니까요.

여러분은 자신이 어떤 문제에 관심 있는지 찾고 있거나 과거 경험이 자신에게 어떤 영향을 끼쳤는지 알아내려 애쓰는 중일지도 모르겠어요. 괜찮아요. 인내하며 시간을 가져 보세요. 진짜 관심 있는 것이 무엇인지 알아내려면 많은 성찰의 시간이 필요합니다. 모니카의 이야기를 들어 보세요.

·······아빠를 잃고 다시 일어선 모니카·······

모니카가 여덟 살이었을 때 아빠는 심장 마비로 세상을 떠났습니다. 아빠를 잃은 뒤 모니카네 가족은 친척, 친구, 교회 사람들의 도움을 받아 감정을 추스를 수 있었습니다.

고등학교 2학년이 되자 모니카는 학교 상담 선생님이 방과 후 활동에 더 참여하라고 해서 스트레스를 받았습니다. 모니카는 왜 그래야 하는지 이해하지 못해서 혼란스러웠지요. 아빠가 돌아가신 뒤 모니카는 엄마와 동생들과 함께 집에 머무는 시간이 가장 좋았습니다. 하지만 상담 선생님은 모니카에게 학교 동아리 목록을 살펴보고, 개인적인 경험을 바탕으로 관심이 가는 동아리를 찾아보라고 했습니다.

목록을 살펴보다가 모니카는 정기적으로 동네 봉사 활동을 하는 동아리를 발견했습니다. 보육원이나 장애인 보호 시설에 가서 그곳 사람들을 돕는 일이 주된 활동이었지요. 모니카는 아빠를 잃은 일이 자신이 감당하고 직면해야 할 부분이라는 사실을 늘 기억하고 있었습니다. 그 점을 떠올리자, 가족이 힘든 시간을 보내는 동안 동네 사람들의 도움이 매우 중요했다는 것을 깨달았습니다. 모니카는 어려움을 겪는 다른 사람들에게 자신의 이야기가 도움이 되기 바라는 마음으로 그 모임에 참여하기로 마음먹었습니다.

자신이 겪은 일을 되돌아보면 무엇이 중요한지 파악하는 데 도움이 됩니다. 우리의 가치와 열정, 관심사는 항상 변한다는 사실을 기억하세요. 그건 지극히 정상이랍니다. 덕분에 인생이 흥미로워지기도 하지요. 한 달에 한 번 정도 자신에게 일어났던 일을 돌아보고 어떤 교훈을 얻었는지 생각해 보세요.

의미를 목적으로 확장하기

여러분이 무엇 때문에 스트레스를 받는지 생각해 보세

요. 그중에서 특히 중요한 게 무엇인지 생각해 봅니다. 종이나 메모장에 적어도 좋습니다.

♥ 가장 힘들었던 사건

예시: 할머니가 돌아가셨다. 부모님이 이혼했다. 친구들에게 괴롭힘을 당했다. 아빠가 알코올 중독 치료를 받기 위해 입원해야 한다.

_____

_____

이제, 지난 6개월 동안 일상에서 겪었던 스트레스 요인을 떠올려 봅니다.

♥ 가장 심한 일상 스트레스

예시: 친구들이 계속 다퉜다. 토론팀에 들어가지 못했다. 수학 수업이 너무 어렵다.

_____

_____

이런 사건에서 어떤 의미를 찾을 수 있을지 살펴보세요. 여기서 의미는 왜 그런 일이 일어났는지가 아니라 자신에 관해 알게 된 사실, 자신만의 장점, 주변 세계에 관한 교훈을 말합니다.

♥ 가장 힘들었던 사건

예시: 아빠가 알코올 중독 치료를 위해 입원한 걸 보면서, 나는 아빠가 자신의 중독을 대하는 태도가 용감하다고 생각했다.

_____

_____

♥ 가장 심한 일상 스트레스

예시: 어렵고 힘든 수학 수업을 따라가려면 매일 밤 꾸준히 복습해야 한다는 것을 깨달았다.

_____

_____

이렇게 얻은 교훈이 여러분의 목적이나 관심 분야에 어떤 영향을 끼칠지 살펴봅시다. 사건이 클수록 많은 영향을 주었을 가능성이 있습니다. 물론 작은 실패에서도 큰 의미를 얻을 수 있답니다. 어떤 교훈이 가장 중요한 것 같나요? 결정 내리기가 어렵다면 마이크를 쥔 자신의 모습을 상상해 보세요. 용기를 내서 여러분이 배운 점을 사람들에게 이야기한다고 생각해 봅니다. 어떤 메시지가 가장 중요할까요? 이 방법은 이루고자 하는 목표를 발견하는 데 도움이 됩니다.

> 예시: 아이들에게 수학을 알려 주면 재미있을 것 같다. 아이들에게 포기해서는 안 된다는 점을 알려 줄 거다.

_____

_____

_____

흥미를 느끼는 주제를 생각했으니 이제 여러분이 사는 지역과 세상으로 활동을 넓힐 방법을 살펴봐야 합니다. 여러분의 경험과 목소리를 활용할 수 있는 구체적인 방법을 이야기해 볼게요.

적극적으로 활동 영역 넓히기

관심 가는 일을 찾았다면 세상을 변화시킬 방법은 아주 다양합니다. 옳고 그른 방법은 없어요. 엄청난 변화를 일으켜야 한다는 생각에 스트레스 받을 필요도 없습니다. 작은 일부터 시작해서 자신에게 잘 맞는 방법을 찾으면 됩니다. 여러분이 관심을 둔 일도 시간이 흐르면 바뀌기 마련입니다. 그러면 당연히 여러분이 참여하는 방식도 변하겠지요.

자신이 얻은 교훈이나 지식을 다른 사람들에게 나누는 일은 중요합니다. 다른 사람을 돕는 일이 결국 자신을 돕는 일이라는 사실을 뒷받침할 만한 증거는 아주 많습니다. 다른 사람을 도우면 우울과 불안이 줄며 화나거나 속상한 기분도 사그라들고 자존감이 높아지거든요. 다른 사람들을 위한 활동은 그저 남을 돕는 것에서 그치지 않습니다. 지역 사회를 위해 적극적으로 행동하는 일이 중요한 이유는, 지역 사회에 참여하다 보면 특정 기술을 숙련할 수 있기 때문에 개인의 능력을 키우는 데 도움이 됩니다. 또 학업이나 친구, 가족 관계 등 삶의 다양한 분야에서 자신감이 높아지죠. 여러분이 돕는 사람들과 친밀감과 유대감을 쌓을 수 있으며, 여러분이 참여한 일을 통해 세상과 연대하고 공감할 수 있습니다. 나아가 자신이 진정으로 그 일에 관심을 갖는 이유를 깨닫게 되지요.

어떤 이유나 문제로 자신의 행동을 뚜렷이 의식하게 되었다면 어떤 효과를 기대하는지도 생각해 봐야 합니다. 예를 들어 여러분이 참여하려는 분야에는 모금 활동이 효과적이라고 판단할 수 있겠지요. 또 친구나 가족, 학교나 지역에서 특정한 주제에 관한 이야기를 나누고 싶을 수도 있습니다. 여러분이 관심을 둔 일에 직접 참여하려면 봉사활동이 제격이라고 생각할 수도 있겠지요. 또 규율이나 법, 사회 전체가 변해야 한다고 생각하고 활동가가 되기로 결심할 수도 있습니다. 이런 계획들을 하나하나 구체적으로 살펴볼게요.

····· **도서관 설립 모금 운동을 시작한 에이미** ·····

고등학교 1학년인 에이미는 어렸을 때 중국에서 입양되었습니다. 에이미는 가족을 사랑했지만 고국의 문화를 느껴 보고 싶었습니다. 그래서 에이미와 부모님은 에이미가 입양되기 전 11개월 동안 지냈던 중국의 보육원을 방문하기로 결정하고 여행을 떠났습니다. 여행 중에 에이미는 마을의 작은 학교 몇 곳도 들러 학생들을 만났습니다.

집에 돌아온 뒤 에이미는 아시아 학생 동아리를 만들어 자신이 방문했던 학교 중 한 곳에 도서관을 만들기 위한 기금을 모금했습니다. 동아리는 지역에 있는 중국계 미국인 모임에서 행사를 주최하고 기부를 호소했습니다. 에이미는 기부 요청 편지에 중국에서 만난 두 소녀의 사진을 첨부하고 모금액으로 구입할 책이 그 아이들을 교육하는 데 긍정적인 효과를 줄 것이라는 점을 강조했지요. 마침내 에이미는 수백 달러를 모금해 책을 구입할 수 있었습니다. 이 일을 계기로 에이미는 중국에서 만난 소녀들에게 큰 도움을 주고 지속적으로 연락도 했습니다.

에이미의 일화에서 봤듯이 기부 활동에는 여러분이 직접 돈을 내는 방법도 있지만, 훨씬 많은 금액을 모을 수 있는 모금 활동도 포함됩니다. 다른 사람들과 함께하면서 특별한 성취를 이룰 수도 있지요. 단순히 도서관을 위한 기부금을 요청하지 않았다는 점에서 에이미는 영리했습니다. 모금한 돈이 두 소녀의 삶에 어떤 영향을 미칠지 구체적인 예를 들며 이 활동이 긍정적인 효과를 가져올 거라는 점을 강조했지요. 특정한 일을 하기 위해 모금 활동을 생각 중이라면 다음의 정보가 도움될 거예요.

여러분은 60초 동안 무엇을 설득할 수 있나요?

자신이 관심을 기울이는 일을 생각합니다. 특정한 주제의 중요성을 사람들이 이해하기를 바랄 수도 있겠지요. 이럴 때 필요한 설득 기술로 '엘리베이터 스피치'가 있는데요. 이 기술은 엘리베이터에 타고 내릴 때처럼 아주 짧은 순간에 상대방을 설득해야 할 때 쓰입니다. 즉, 효과적이고 설득력 있는 문장을 추려서 전달하는 말하기 기술이지요. 엘리베이터 스피치에 성공하기 위해서는 자신이 주장하는 내용을 다음과 같이 구성해야 합니다.

- ♥ 사람들이 이 주제에 관심을 가져야 하는 이유
- ♥ 바로 지금 이 일이 의미 있는 까닭
- ♥ 사람들이 알아야 하는 내용

♥ 이 주제에 전문적인 지식을 갖게 된 이유

> 예시: 최근 이민에 관한 소식을 많이 접합니다. 저는 이민자들이 얼마나 열심히 일하는지, 이민자들이 얼마나 힘든 상황에 처해 있는지 사람들이 알아야 한다고 생각합니다. 제 부모님은 이민자였습니다. 엄마는 저와 형제들을 키우기 위해 두 가지 일을 합니다. 그래서 저에게 이민자의 현실을 알리는 일은 아주 중요합니다.

짧은 연설문을 완성한 뒤, 좀 더 길게 늘릴 수도 있습니다. 누가 듣느냐에 달려 있겠지요. 다음 단계는 여러분의 메시지를 전할 차례입니다. 아래의 방법을 참고해 보세요.

♥ 학교나 지역 신문
♥ 온라인 게시물
♥ 학교 학생회
♥ 지역 모임 게시판
♥ 종교 행사

♥ 비공식적인 친구 모임

　지식을 전달하는 데는 옳고 그른 방법이 없습니다. 여러분에게 그 주제가 중요하다는 확신이 있으면 사람들은 의견을 구하고 도움을 요청할 거예요. 배움을 나누는 일은 여러분이 생각하는 중요한 문제에 관해 계속 이야기할 수 있는 가장 좋은 방법입니다.

　다음은 지역 봉사활동을 통해 여러분이 관심을 갖고 있는 일에 참여하고 헌신하는 방법입니다.

・・・・・・・・어르신 돌보기를 시작한 타라・・・・・・・

타라는 고등학교 2학년으로 엄마와 좋은 관계를 맺는 게 항상 어려웠습니다. 엄마와 소통하기 위해 최선을 다했지만 그럴수록 엄마가 자신을 비난하려고만 한다고 느꼈지요. 그래서 타라는 할머니, 할아버지와 보내는 시간이 좋았습니다. 하지만 두 분은 먼 곳에 살았습니다. 어렸을 때는 두 분과 많은 시간을 보냈지만 지금은 너무 바빠서 할머니 댁에 오래 머물기가 힘들었습니다.

최근 타라는 지역 노인 공동 주택에서 봉사 활동을 시작했습니다. 그곳에서 커피와 간식을 준비하고 공동 공간을 정리했지요. 봉사 활동을 한 지 몇 달이 지나자 타라는 공동 주택에 사는 어르신들과 친해졌습니다. 그러면서 자신의 할머니, 할아버지가 겪을 어려움을 이해하게 되었지요. 덕분에 두 분과의 관계도 더 깊어졌습니다. 타라는 봉사 활동 일을 엄마에게 들려주면서 자부심을 느꼈습니다. 엄마도 애쓴다며 타라를 칭찬했습니다.

타라의 봉사 활동은 참여자와 봉사 대상자 양쪽에게 모두 성취감을 준다는 사실을 보여 주는 훌륭한 예입니다. 여러분도 봉사 활동을 할 생각이라면 다음 내용이 도움될 거예요.

관심을 행동으로 표현하기

봉사 활동이 자신에게 맞는지 고민 중일지도 모르겠습니다. 낯선 장소로 걸어 들어가는 일이 두렵거나 자신이 과연 도움이 될 수 있을지 몰라 고민이 되나요? 자원봉사를 해 보기로 결심했다면 진심으로 마음이 가는 일을 선택하세요. 여러분이 열정을 쏟는 주제나 더 잘 알고 싶은 사람들일 수도 있습니다. 다음 내용들을 참고해 보세요.

♥ 처음 봉사 활동을 할 때는 누구나 긴장합니다.

♥ 봉사하려는 조직이 어떤 일을 하는지 소개하는 글을 미리 읽고 기회가 될 때 그곳의 책임자에게 물어볼 질문 두 가지를 적습니다. 그러면 준비되었다는 느낌이 들 거예요.

♥ 몸짓에 주의합니다. 심호흡을 한 뒤 미소 지으세요. 팔짱은 끼지 말고 핸드폰도 넣어 둡니다. 몸짓에 조금만 신경 쓰면 여러분은 물론 다른 사람들도 편안해진답니다.

♥ 무슨 말을 해야 할지 모르겠다면 상대방의 말을 잘 들어 줍니다. 업무를 돕는 중이라면(음식을 대접하거나 청소하는 등) 사람들에게 어떻게 지내냐고 묻고 대답을 주의 깊게 듣습니다. 잘 들을수록 많이 배운답니다. 무엇보다 사람들은 잘 듣는 사람을 좋아해요!

지금 하고 있는 봉사 활동이 자신에게 적합한지 판단하기 전에 최소한 세 번은 참여하기로 약속합니다. 봉사하기 알맞은지, 기여할 수 있는 일인지, 무엇을 배울 수 있는지 알려면 봉사할 환경을 어느 정도 경험해 봐야 한답니다.

지역 사회에서 봉사 활동을 하면 이웃에 어떤 사람이 사는지 알게 되고, 사람들의 생활이 변화하는 모습을 직접 확인할 수 있습니다. 지역 사회를 위해 적극적으로 일하는 것 역시 또 하나의 활동 방식입니다. 개개인을 바꾸는 데 그치지 않고 사회를 바꾸고 싶다면 모나의 이야기를 들어 보세요.

······학교 총기 난사 사건 이후 모나의 삶······

모나는 고등학교 2학년입니다. 4개월 전, 같은 반 친구 세 명이 학교 총기 난사 사건으로 목숨을 잃었습니다. 모나는 아직도 친구들이 목숨을 잃은 날의 악몽을 꿉니다. 자신은 살아남고 친구들은 그렇지 못했다는 데 죄책감을 느낄 때도 있었지요. 모나는 우울증과 외상 후 스트레스 장애로 치료를 받고 있습니다. 상담 선생님은 모나의 반응이 끔찍한 트라우마 때문이며 정상적인 일이라고 말해 주었습니다.

정신적으로 심각한 부담을 안고 살아야 하지만 모나와 친구들은 총기를 사용한 폭력을 멈추기 위해 뭔가 해야겠다고 결심했

4부. 삶의 목적과 의미를 찾는 방법

습니다. 학생들은 친구들을 돕는 데 그치지 않고 의회가 총기 관련 법을 고치게 하는 것을 목표로 삼았지요. 우울증과 불안이 심해지는 것을 막기 위해 상담 선생님과 계획을 세운 뒤, 모나는 몇몇 단체 활동에 참여해서 총기 폭력이 청소년들에게 어떤 영향을 미치는지 전국적 규모의 강연을 했습니다. 모나는 심각한 후유증을 겪는 중에도 자신이 중요하게 여기는 일에 헌신할 수 있다는 본보기가 되었지요. 실천 운동은 모나의 치유를 돕는 중요한 통로였습니다.

실천 운동은 우리의 자존감과 정신 건강에 이롭습니다. 법과 정치, 어떤 문제에 관한 신념을 바꾸려 할 때 특별히 유용한 방법이지요. 실천 운동을 해 볼 생각이라면 다음 활동을 살펴보세요.

마음에 들지 않는다면 직접 바꾸기

실천 운동은 열정을 쏟고 있는 일이 모금 활동, 교육, 봉사 활동만으로는 변화를 이끌어 내기 어려울 때 유용한 방법입니다. 이럴 때 여러분의 메시지를 전하기 위해서는 구조 자체를 바꾸는 일이 필요합니다. 아래에 나와 있는 방법을 참고해 보세요.

- ♥ 국회 의원에게 여러분이 관심을 둔 주제로 편지를 써서 알립니다.
- ♥ 방송국 등의 언론 매체에 연락해서 여러분이 주장하는 문제를 다루어 달라고 요청합니다.
- ♥ 집회를 하거나 그 주제를 다루는 모임에 참석하고, 행사 관련 정보를 소셜 미디어에 올려 메시지를 전합니다.

이런 일을 할 때는 먼저 자신을 잘 돌봐야 합니다.

- ♥ 매일 즐겁고 신나는 일을 합니다.
- ♥ 불안하거나 우울하거나 스트레스가 쌓이면 믿을 만한 친구나 어른, 혹은 전문가에게 도움을 구합니다.
- ♥ 노력하는 동안 낙심하거나 실망했을 때 도움이 될 만한 격려 문구를 적어 봅니다.
- ♥ 영양가 있는 식사를 하고 운동을 합니다.
- ♥ 여러분이 자신을 잘 챙기고 있는지 일주일에 한 번 정도 친한 친구

에게 확인 받습니다.

실천 운동은 청소년들이 유용하게 활용하는 도구입니다. 'Z세대'는 매우 활동적이며 정보도 많이 알고 있죠. 또한 학교 폭력, 경제와 사회적 불확실성, 환경 파괴, 전염병 등 많은 스트레스를 겪으며 살고 있는 세대이기도 합니다. 놀라운 점은 여러분이 이런 힘든 경험에서 의미를 찾고 목적 의식을 갖는다는 사실입니다. 활동가가 되어야 한다고 압박감을 느낄 필요는 없어요. 법과 규범과 문화를 바꾸는 방법은 다양하고 많습니다. 시간이 지나면서 여러분은 자신만의 목적 의식을 실행할 방법을 꼭 찾게 될 거예요.

회복탄력성 재점검

누구나 인생에서 힘든 일이 생깁니다. 왜 힘들고 충격적인 일을 겪어야 하는지 우리는 완전히 이해하지 못해요. 하지만 우리는 그 일을 경험 삼아 교훈을 얻는 능력을 기를 수 있습니다. 자신이 어떤 사람이고, 장점은 무엇이며, 주변 환경에서 긍정적인 점은 무엇인지 등의 의미를 찾을 수 있습니다. 이런 의미는 여러분의 목적 의식, 즉 가장 중요하게 여기는 문제를 분명히 하는 데 도움이 됩니다.

뜻하는 것을 이루고 변화를 만들어 내기 위해 모금 활동, 강연과 교육, 자원봉사 등 많은 방법을 활용할 수 있습니다. 이런 활동은 회복탄력성을 발휘해 성장하도록 이끌지요. 나아가 세상에 기여할 중요한 자질이 자신에게 있다는 사실을 깨닫게 해 줍니다.

4부. 삶의 목적과 의미를 찾는 방법

나가며

회복탄력성에서 가장 중요한 요소는 삶에서 마주친 방해물에 어떤 의미가 있는지 찾아내고 자신의 감정을 잘 돌보는 것입니다. 방해물이 여러분을 휘두르도록 놔둬서는 안 됩니다. 이 책에서 여러분은 네 가지 중요한 방법에 초점을 맞춰 여러 가지 기술을 살펴봤어요.

끝까지 다 읽었으니 잠시 축하하는 시간을 가져 보세요! 여러분은 열린 마음으로 새로운 것에 도전하고 전보다 더 강한 유대 관계를 맺기 위해 노력했습니다. 그건 쉬운 일이 아니랍니다! 여러분은 회복탄력성을 기르는 여정에 잘 올랐어요.

인생은 크고 작은 역경으로 가득합니다. 어려운 수학 수업을 이해하기 위해 애쓰거나, 이사를 했거나, 사귀던 연인과 헤어졌을 수도 있습니다. 병에 걸렸거나, 학대나 차별을 겪거나, 괴롭힘을 당했을 수도 있겠지요. 이 책에서 익힌 회복탄력성 기술은 힘든 시기를 보낼 때 분명 도움이 될 거예요. 일상생활에서 회복탄력성 훈련을 해 나가다 보면 건강하고 행복하고 에너지 넘치는 모습으로 살아가면서 주변 세상과 좋은 관계를 맺는 여러분을 볼 수 있을 거예요. 이제 여러분은 어려운 상황에서 사용할 수 있는 여러 가지 기술들을 선택할 수 있어요.

♥ 효과적인 생활 규칙을 정하고 스트레스 받을 때 약물 사용 대신 자신의 몸에 집중합니다.

♥ 마음 챙김과 감정적 내성을 실천하여 실수에서 교훈을 얻고 우울과 불안에 대처하는 등 자신의 마음에 귀 기울입니다.

♥ 정서적 지원을 받을 수 있는 사람들과 유대감을 쌓고 용기를 내서 좋은 기회를 잡는 등 관계에 집중합니다.

♥ 유연하게 사고하는 능력과 현실을 긍정적으로 생각하는 능력을 실

천하고 주변 세상과 교류하면서 삶의 의미와 목적에 집중합니다.

　여러분은 네 가지 방법에 생겨난 특징을 통합해서 자신만의 회복탄력성 레시피를 만들어 낼 수 있습니다. 판에 박힌 듯 똑같은 여정은 없답니다. 매일 아침 3km를 달리고, 명상을 하고, 친한 친구와 대화하고, 도서관에서 봉사할 수도 있어요. 담배를 끊고, 일주일에 한 번 상담을 받고, 두려움을 딛고 사람들 앞에서 말하고, 학교에 시 창작 동아리를 만들 수도 있지요.

　여러분이 걷는 여정은 여러분만의 개성을 담고 있으며 매우 소중합니다. 여러분은 존중받을 자격이 있고, 여러분의 목소리는 가치 있습니다. 이제 여러분은 예상치 못한 좌절에 대처할 수 있으며, 진심을 다해 사랑할 인생을 만들 기술을 가지고 있어요. 삶에서 마주하는 모든 역경은 이제 여러분의 이야기 속으로 녹아들 겁니다.

♥ **괴롭힘**

안전 Dream

홈페이지: http://www.safe182.go.kr

전화번호: 117

문자 신고: #0117

푸른나무재단(청소년폭력예방재단)

홈페이지: http://btf.or.kr

전화번호: 1588-9128

♥ **데이트 폭력**

사이버경찰청

홈페이지: https://ecrm.police.go.kr/minwon/main

목격자를 찾습니다(스마트폰 앱 다운로드 가능)

홈페이지: http://onetouch.police.go.kr

여성긴급전화

홈페이지: https://www.women1366.kr

전화번호: 지역번호+1336

♥ 상담

청소년 사이버상담센터

홈페이지: https://www.cyber1388.kr

전화번호: 지역번호+1388 (또는 110)

한국아동청소년심리상담센터

홈페이지: www.kccp.kr

전화번호: 02-511-5080

서울시청소년상담복지센터

홈페이지: http://www.teen1318.or.kr

전화번호: 02-2285-1318

가족과 성 건강 아동청소년 상담소

홈페이지: http://www.성상담.com

전화번호: 02-511-5080

아하! 서울시립청소년성문화센터

홈페이지: https://www.ahacenter.kr

전화번호: 02-2677-9220

한국여성상담센터

홈페이지: http://www.iffeminist.or.kr

전화번호: 02-953-1503

♥ **성폭력**

한국성폭력상담소

홈페이지: http://www.sisters.or.kr

전화번호: 02-338-2890

디지털성범죄피해자지원센터

홈페이지: https://d4u.stop.or.kr

전화번호: 02-735-8994

서울해바라기센터

홈페이지: http://help0365.or.kr

전화번호: 02-3672-0365

탁틴내일

홈페이지: http://www.tacteen.net

전화번호: 02-338-7480

♥ 청소년 활동

청소년 기후 행동

홈페이지: https://youth4climateaction.org

♥ 기타

청소년 스트레스

홈페이지: http://teenstress.co.kr

전화번호: 02-2072-4854

한국마약퇴치운동본부

홈페이지: http://www.drugfree.or.kr

전화번호: 1899-0893

스마트쉼센터

홈페이지: https://www.iapc.or.kr

전화번호: 1599-0075

14살부터 시작하는 회복탄력성 수업

마음 근육을 키우는 중입니다

초판 1쇄 펴냄 2023년 8월 25일
　　　2쇄 펴냄 2024년 5월 13일

지은이 실라 라자
옮긴이 김인경

펴낸이 고영은 박미숙
펴낸곳 뜨인돌출판(주) | 출판등록 1994.10.11.(제406-251002011000185호)
주소 10881 경기도 파주시 회동길 337-9
홈페이지 www.ddstone.com | 블로그 blog.naver.com/ddstone1994
페이스북 www.facebook.com/ddstone1994 | 인스타그램 @ddstone_books
대표전화 02-337-5252 | 팩스 031-947-5868

ISBN 978-89-5807-970-5 43190